AF561674

LE FEINT
ASTROLOGVE
COMEDIE.

A ROVEN,
Chez LAVRENS MAVRRY, prés le Palais.

AVEC PRIVILEGE DV ROY.
M. DCLIII.

Et se vend A PARIS,
Chez GVILLAVME DE LVYNES, au Palais, sous la montée de la Cour des Aydes.

A MONSIEVR***

MONSIEVR,

Ie crains bien de me rendre vn mauuais office en voulant m'acquiter d'vne debte, & ie doute si ie ne détruis point l'estime que vous m'auez témoigné faire de cet ouurage, quand ie tâche de la recognoistre par le present que ie vous en fais. Le Theatre luy a donné des graces qu'il est bien difficile qu'il conserue dans le cabinet, & ces sortes de Poëmes ne pouuant estre soustenus ny par la maiesté des vers, ny par la beauté des pensées, l'on en voit fort peu qui ne perdent presque tous leurs aduantages hors de la bouche de ceux qui sçauent en releuer la simplicité du style. Ainsi i'ay suiet d'apprehender que cette Comedie dont la representation vous a diuerty tant de fois, ne vous semble froide sur le papier, & que vous n'ayez peine à y remarquer les mesmes naïfuetez qui vous ont fait rire, accompagnées de la grace de l'action. Si vous auez la curiosité de la lire en original, & de voir si i'ay bien exactement suiuy mon guide Espagnol, vous la trouuerez dans la seconde partie de celles de Calderon, qui l'a traitée sous le mesme tiltre de El Astrologo Fingido. *Pour moy, ie me serois contenté du succez qu'elle a eu au Theatre, sans l'abandonner à la Presse, si ie n'auois voulu détromper beaucoup de personnes qui en ont crû mon Frere l'Autheur, à cause de la conformité du nom qui m'est commun auec luy. Trouuez donc bon,* MONSIEVR, *que ie prenne icy l'occasion de les tirer d'vne erreur, qui fait tort à sa reputation, & que ie les asseure que cette Piece, bien loin d'estre vn coup de maistre, n'est que le coup d'essay de*

Vostre tres-humble seruiteur,
T. CORNEILLE.

ACTEVRS.

LEONARD Pere de Lucrece.
D. IVAN amant de Lucrece, & aymé de Leonor.
D. FERNAND.
D. LOPE amoureux de Leonor.
D. LOVYS amy de D. Fernand & de D. Lope.
LVCRECE maistresse de D. Iuan.
LEONOR amoureuse de D. Iuan & aymée de D. Lope.
BEATRIX seruante de Lucrece.
IACINTE suiuante de Leonor.
MENDOCE vieux domestique de Leonard.
PHILIPIN valet de D. Fernand.

La Scene est à Madrid.

LE

LE FEINT ASTROLOGUE COMEDIE.

ACTE I.

SCENE PREMIERE.

D. FERNAND, PHILIPIN.

D. FERNAND.

QVE ce que tu me dis m'embarasse l'esprit!
Est-il vray, Philipin?

PHILIPIN.

Beatrix me l'a dit.

D. FERNAND.

Que Lucrece en effet....

PHILIPIN.

Ouy, que vostre Lucrece
N'auroit iamais pitié de l'ardeur qui vous presse,
Que vous faisiez en vain de l'amoureux transy,
Et qu'elle auoit sujet de vous traiter ainsi.

D. FERNAND.

Enfin de ses mépris ie deuine la cause,
Sans doute elle ayme ailleurs.

PHILIPIN.

Ie croy la mesme chose,
Au discours de tantost ie l'ay trop recognu;
Et si le bon vieillard ne fut point suruenu,
I'allois sçauoir, Monsieur, tout au long le mystere,
Estre fille suffit pour ne se pouuoir taire,
Puisqu'il n'en fut iamais qui dans l'occasion
Pûst garder vn secret sans indigestion.

D. FERNAND.

Si bien que Beatrix....

PHILIPIN.

Cessez d'estre en ceruelle,
I'en sçauray tout, vous dis-ie, & ie vous répons d'elle;
Car soit pour me trouuer l'esprit vn peu gaillard,
Soit pour me voir comme elle assez grand babillard,
I'ay le don de luy plaire, & sur tout la methode
Dont nous traitõs l'amour n'est pas fort incommode,
Elle n'engage à rien : mais, Monsieur, franchement?
Ne vous lassez-vous point d'aymer si constamment?
Autrefois en tous lieux vous disiez, *Ie vous ayme*,
A peine vn demy-iour vous estiez à la mesme,
Et cependant Lucrece auec tous ses mépris
Vous tient depuis vn mois de ses beautez épris!
C'est estre bien changé.

D. FERNAND.

Philipin, ie confesse
Que ie romps ma coustume en faueur de Lucrece:
Mais écoute, c'est trop te laisser alarmé
De ce qu'vn mesme objet soit si long-temps aymé.

Si l'Amour m'engagea d'abord à son seruice,
Aujourd'huy cet amour n'est plus rien qu'vn caprice,
Son peu de complaisance à flatter mon espoir
Est l'vnique raison qui m'oblige à la voir;
Non pas que sa personne en effet me soit chere,
Mais parce que ie prends plaisir à luy déplaire,
Et me vanger sur elle, en la persecutant,
De la honte que i'ay qu'on m'estime constant.

PHILIPIN.

Quel tort ie vous faisois faute de bien l'entendre!
Ainsi donc les deuoirs que vous semblez luy rendre
Ne sont plus vn effet de vostre passion?

D. FERNAND.

Ie la sers seulement par obstination,
Et si quand ie luy dis le secret de mon ame
Auec moins de rigueur elle eust traité ma flame,
Dans ma façon de viure & suiuant mon humeur
Vne autre eust eu bien-tost le present de mon cœur:
Mais voir qu'à cõtretemps on prenne vn front seuere,
Qu'vn soûpir, qu'vn regard fasse entrer en cholere,
C'est lors que ie m'obstine à faire les yeux doux.

PHILIPIN.

Qu'il fait mauuais, Monsieur, auoir affaire à vous!
Quoy? quand de vous aymer on se trouue incapable
On n'ose l'aduoüer sans se rendre coulpable!
Ah, Lucrece a grand tort auec tous ses refus.
Mais quand pretendez-vous enfin n'y penser plus?

D. FERNAND.

Lors que par ton adresse & par ton entremise
Ie cognoistray celuy pour qui l'on me méprise.

PHILIPIN.

C'est peut-estre D. Iuan.

D. FERNAND.

D. Iuan?

PHILIPIN.

Ouy, ce D. Iuan
Qui, comme vous sçauez, la sert depuis vn an.
Vous riez!

D. FERNAND.

Le party seroit pour elle honneste,
Et ne m'a point encor donné martel en teste.

PHILIPIN.

Quoy que pauure, il peut plaire.

D. FERNAND.

Ah, ne présume pas
Que iamais tant d'orgueil jette les yeux si bas.
Vn cœur comme le sien que l'ambition flatte
Veut que par la fortune vn grand merite éclate.
Aussi iamais D. Iuan n'en eut que des mépris.

PHILIPIN.

C'est quelquefois par là que les plus fins sont pris,
Ce peut estre vne feinte.

D. FERNAND.

Et la peux-tu comprendre?
Il a quitté la ville, & doit passer en Flandre,
Et malgré tout cela tu veux qu'ils soient d'accord.

PHILIPIN.

On voit assez souuent....

D. FERNAND.

Tay-toy, Beatrix sort,
Tâche à t'en éclaircir, fay qu'elle se declare,
I'attends à ce détour l'heure qui t'en separe.

PHILIPIN.

Ie sçay quel est mon rôle, & ie le joüeray bien.

SCENE II.

PHILIPIN, BEATRIX.

BEATRIX.

A Quoy donc penses-tu?

PHILIPIN.

Moy? ie ne pense à rien.

BEATRIX.

Resver en me voyant, en voyant ce qu'on ayme!

PHILIPIN.

Mon maistre n'ayme plus, ie n'ayme plus de mesme.

BEATRIX.

Tout de bon, Philipin?

PHILIPIN.

Tout de bon, Beatrix.

BEATRIX.

Tu veux m'abandonner, toy?

PHILIPIN.

Moy-mesme.

BEATRIX. Tu ris,

Et peut-estre demain ....

PHILIPIN.

Cela va sans peut-estre,

Vn valet suit toûjours la fortune d'vn maistre :

Fay qu'on ayme le mien, & tu verras qu'apres,

S'il faut mourir pour toy, ie mourray tout exprés.

BEATRIX.

Ne me demande point vne chose impossible.

PHILIPIN.

Ta maistresse à l'amour est donc bien insensible?

BEATRIX.

Non pas tant, mais ...

PHILIPIN.

Quoy, mais?

BEATRIX.

Mon pauure Philipin,
Tu m'auois tant promis ...

PHILIPIN.

Venons au mais enfin,
Poursuy.

BEATRIX.

Que te diray-ie?

PHILIPIN.

A quel dessein Lucrece
Traite ainsi D. Fernand auec tant de rudesse,
Et si l'aymer encore est pour luy temps perdu.

BEATRIX.

Ie te le dirois bien, mais il m'est defendu:
Si pourtant tu iurois de garder le silence ...

PHILIPIN.

Va, dy-moy ton secret auec toute asseurance,
Ie suis fort taciturne, & tel que tu me vois
Ie ne conte iamais qu'vne chose à la fois,
Auec peu de raison ta crainte me soupçonne.

BEATRIX.

Tu n'en diras donc mot?

PHILIPIN.

Mot du tout.

BEATRIX.

A personne?

PHILIPIN.

Non.

BEATRIX.

Tu me le promets?

PHILIPIN.

Est-ce fait?

BEATRIX.

Iure tost.

PHILIPIN.

Ouy, foy de Philipin, iuray-ie comme il faut ?

BEATRIX.

Non-pas mesme à ton maistre ?

PHILIPIN.

Est-ce à dessein de rire?
Dy le moy tout d'vn coup si tu me le veux dire,
Pourquoy tant de façons ? vois-tu, sans te flatter
Si ie meurs pour l'oüyr, tu meurs pour le conter,
Tant de précaution est icy ridicule.

BEATRIX.

Tu sçauras donc enfin. . . .

PHILIPIN.

Parle sans préambule.

BEATRIX.

Que si tu vois toûiours ton maistre maltraité,
C'est parce que Lucrece. . .

PHILIPIN.

Ayme d'autre costé?

BEATRIX.

Tu deuines!

PHILIPIN.

Et bien ? le nom du personnage ?
Acheue.

BEATRIX.

Tu veux donc en sçauoir dauantage ?

PHILIPIN.

Ah, d'vn homme d'honneur c'est trop se défier.
Tu le nommes?

BEATRIX.

D. Iuan.

PHILIPIN.

Ce pauure Caualier ?

BEATRIX.

Luy-mesme; il est galand, noble, de bonne mine.

PHILIPIN.

Et la galanterie échauffe la cuisine !

BEATRIX.

Elle l'adore enfin.

PHILIPIN.

Ma foy, tu m'interdis.
Mais s'il en est aymé comme tu me le dis,
Pourquoy l'abandonner pour s'en aller en Flandre?

BEATRIX.

Chacun le croit icy comme il l'a fait entendre,
Mais dans vn tel voyage, à te parler sans fard,
S'il estoit pris des Turcs nous courriõs grand hazard.

PHILIPIN.

A ce conte, il est donc en païs d'asseurance?

BEATRIX.

Entre nous deux il l'est, & plus qu'on ne le pense,
Dans Madrid. PHILIPIN.

Dans Madrid!

BEATRIX.

Et n'en a point sorty.

PHILIPIN.

Qui diable eust iamais crû qu'il eust si bien menty,
Et que pour mieux tromper tout autre que Lucrece,
Il eust fait ses Adieux auecque tant d'adresse!

BEATRIX.

Ainsi depuis huit iours que tu le crois absent
Il voit de nuit Lucrece, & Lucrece y consent.
Voy ce que peut ton maistre esperer de sa flame.

PHILIPIN.

Mais ne craint-elle point qu'vn voisin la diffame?
Car enfin il en est qui pendant tout vn mois
Comme des loups garous ne dorment qu'vne fois.
Leur curieuse humeur toûiours les inquiete,
Et si dans le quartier il est quelque amourette,
Du soir iusqu'au matin ils demeurent au guet
Pour tenir bon papier de tout ce qui s'y fait.

BEATRIX.

Pour s'en mettre à couuert, l'accord est fait de sorte
Qu'il va droit au jardin par vne fausse porte,
Ie la laisse entr'ouuerte, & là commodement
Lucrece l'entretient de son apartement,
Sa fenestre y répond.

PHILIPIN.

La partie eſt bien faite;
Mais quand il l'a quittée, où fait-il ſa retraite?

BEATRIX.

Chez D. Lope, où de iour il garde la maiſon,
Sans que D. Lope meſme en ſçache la raiſon,
Sous vn autre pretexte il le loge, & ie penſe
Qu'ils ne m'auroient pas mis dedans leur confidence
S'ils auoient eu moyen de ſe paſſer de moy,
Mais Adieu, touche.

PHILIPIN.

Adieu.

BEATRIX.

Tu me promets ta foy,
Philipin?

PHILIPIN.

Quelle foy?

BEATRIX.

Celle de Mariage.

PHILIPIN.

Va, ie te la promets quand nous ſerons en âge.

SCENE III.

PHILIPIN.

C'Eſt donc là cet hõneur qu'elle nous vantoit tant!
Ah, combien en eſt-il dans ce ſexe inconſtant
Qui contrefont de iour vne vertu parfaite,
Et la laiſſent de nuit dormir ſous leur toilete!
Donc l'amour à Lucrece a broüillé le cerueau!
Qu'vn ſecret à garder eſt vn peſant fardeau!
I'enrage pour le dire, & ie me perſuade,
Pour peu que ie l'ay teu, que i'en ſeray malade.
Mais mon maiſtre reuient, voicy ma gueriſon.

SCENE IV.

D. FERNAND, PHILIPIN.

D. FERNAND.

ET bien? de ma disgrace as-tu sçeu la raison?
Lucrece a-t'elle ailleurs engagé sa franchise?
Est-ce haine, est-ce orgueil qui fait qu'on me méprise?
Tu ne me répons rien! es-tu sourd, ou sans voix?
Pourquoy grincer les dents, & te serrer les doigts?
Parle, es-tu possedé?

PHILIPIN.

Monsieur, laissez-moy faire.

D. FERNAND.

Dy donc ce que tu fais.

PHILIPIN.

Ie tâche de me taire,
On me l'a commandé, mais pour ne rien cacher,
Desia, loin d'obeïr, ie suis las de tâcher,
Oyez. Ce Caualier poly, galand, honneste,
Qui ne vous a iamais donné martel en teste,
Ce D. Iuan dont tantost ie vous auois parlé,
Qui fait croire par tout qu'en Flandre il est allé,
Par l'ordre de Lucrece, & sans qu'aucun le sçache,
En secret dans Madrid chez D. Lope se cache.

D. FERNAND.

Que dis-tu, par son ordre?

PHILIPIN.

Il en est adoré.

D. FERNAND.

Quoy, D. Iuan est icy?

PHILIPIN.

Rien n'eſt plus aſſeuré,
Il a feint ce depart pour vous donner la baye.

D. FERNAND.

Si faut-il toutefois qu'vn des deux me la paye.

PHILIPIN.

Et que reſoluez-vous ?

D. FERNAND.

Le deſſein en eſt pris,
Ie veux renoir Lucrece.

PHILIPIN.

Ah, pauure Beatrix!
Monſieur, vous parlerez, ſa fortune eſt perduë.

D. FERNAND.

Non, croy moy.

PHILIPIN.

Dequoy donc vous guerira ſa veuë?

D. FERNAND.

Ie veux me rire d'elle, & pour me vanger mieux
Luy jurer de nouueau que j'adore ſes yeux :
Si j'en ſuis mépriſé, du moins j'auray la joye
De la payer ſur l'heure en la meſme monnoye,
La railler doucement, & luy faire ſentir
Que ie n'ay fait l'amant que pour me diuertir.
Mais d'vn ſi rare amour acheue-moy l'hiſtoire,
D. Iuan la voit de nuit à ce que ie puis croire ?
Apres tout, ſon bonheur me rend vn peu jaloux.

PHILIPIN.

Suffit iuſqu'à tantoſt. D Louys vient à vous.

D. FERNAND.

Laiſſe-moy luy parler, & cours auec adreſſe
T'informer d'vn voiſin ſi ie puis voir Lucrece,
C'eſt à dire....

PHILIPIN.

I'entens. Vous craignez le vieillard.

D. FERNAND.

Va donc.

SCENE V.

D. FERNAND, D. LOVYS.

D. LOVYS.

De vostre ioye, amy, faites moy part.
Vous me semblez tout gay ; sans doute que Lucrece
Ne tient plus que l'amour ne soit qu'vne foiblesse,
Son cœur est adoucy, ie le iuge à vous voir.

D. FERNAND.

Au contraire, iamais ie n'eus si peu d'espoir,
Tout est perdu pour moy quelque effort que ie fasse.

D. LOVYS.

Peut-on vous consoler d'vne telle disgrace ?

D. FERNAND.

A vous dire le vray, ie la perds sans regret,
Et si vous estiez homme à garder vn secret.....

D. LOVYS.

Vous n'en pouuez douter sans me faire vne iniure.

D. FERNAND.

Sçachez donc en deux mots quelle est mon auanture.
I'ay découuert pourquoy l'on m'a traité si mal ;
Par ces mépris Lucrece obligeoit vn Riual,
Depuis vn an elle ayme, on me le vient d'apprendre,
Iugez si i'ay raison de n'y plus rien pretendre.

D. LOVYS.

Quoy, Lucrece aymeroit ?

D. FERNAND.

C'est dequoy s'estonner,
Qu'on ait touché son cœur, qu'elle ait pû le donner,
Elle qui se parant d'vne vertu forcée
Du moindre mot d'amour se tenoit offencée.

D. LOVYS.

D. LOVYS.

Mais de grace, quel eſt cet heureux qui luy plaiſt?

D. FERNAND.

Vous ſerez eſtonné quand vous ſçaurez qui c'eſt.
D. Iuan.

D. LOVYS.

Vous me raillez, ou bien on vous abuſe.

D. FERNAND.

Croyez qu'il eſt ainſi, ſon depart n'eſt que ruſe,
Pour la voir ſans ſoupçon il fait courir ce bruit:
Voyez le digne choix, & pour qui l'on me fuit,
Pour vn homme ſans biens.

D. LOVYS.

Perdez cette croyance,
Ie cognoy trop Lucrece, & ie ſçay d'aſſeurance
Que D. Iuan en ſecret brûle d'vn autre feu.

D. FERNAND.

Pour qui?

D. LOVYS.

Pour Leonor.

D. FERNAND.

Vous la cognoiſſez?

D. LOVYS.

Peu,
Et ie ſçay ſeulement qu'elle eſt aſſez galante,
Qu'elle vit chez vn Oncle, & que D. Iuan la hante;
Ce peut eſtre en effet par obligation
Autant & plus encor que par affection,
Il doit à Leonor beaucoup plus qu'on ne penſe,
Son plus intime amy m'en a fait confidence,
Et ſe tiendroit heureux que l'on vous euſt dit vray.

D. FERNAND.

Mais c'eſt de Beatrix enfin que ie le ſçay,
I'en puis parler ſans doute, & ie me deſeſpere
D'eſtre pour l'amour d'elle obligé de me taire:
Mais pour ne vous pas dire vn ſecret à demy,
Il ſe tient tout le iour caché chez voſtre amy,
Chez D. Lope.

D. LOVYS.

Le Ciel à propos me l'enuoye,
Ie vay sçauoir de luy ce qu'il faut que i'en croye,
Il m'aduoüera le tout si ie ne suis deçeu.
Adieu, ie vous diray ce que i'en auray sçeu.

SCENE VI.

D. LOPE, D. LOVYS.

D. LOVYS.

ET quoy? toûjours resveur.

D. LOPE.

Et toûjours miserable.

D. LOVYS.

D. Lope, quel malheur de nouueau vous accable?

D. LOPE.

Pourquoy m'obligez-vous à vous redire encor
Que depuis si long-temps j'adore Leonor,
Et qu'vn amy l'aymant, ie suis dans la contrainte
De n'oser seulement me permettre la plainte?
Il n'est point de tourments qui puissent égaler
Celuy d'aymer beaucoup & n'oser en parler.

D. LOVYS.

Vn semblable respect en vain vous embarasse,
D. Iuan par son depart vous a cedé sa place,
L'occasion est belle, allez offrir vos vœux.

D. LOPE.

Ie n'en suis pas, amy, de beaucoup plus heureux.

D. LOVYS.

De vray, mais entre nous, quelqu'vn me vient d'apprendre
Qu'il termine en Madrid son voyage de Flandre.

D. LOPE.

Qui peut vous l'auoir dit?

D. LOVYS.

Bien plus, il court vn bruit
Qu'il est caché chez vous, & ne sort que de nuit.
Sans faire le surpris aduoüez-moy la debte.

D. LOPE.

I'auois crû iusqu'icy l'affaire fort secrette.

D. LOVYS.

Elle l'est en effet, & vous craignez en vain:
Mais que peut-il pretendre, & quel est son dessein?

D. LOPE.

Sans auoir penetré plus auant dans son ame
I'ay sçeu que cette feinte importoit à sa flame;
Et i'ose présumer à ce qu'il m'en a dit,
Qu'vn peu de jalousie embroüille son esprit,
Et que par ce faux bruit d'vne si longue absence
Il veut sçauoir au vray ce que Leonor pense,
Luy voir mettre pour luy ses sentiments au iour,
Et par son déplaisir iuger de son amour.

D. LOVYS.

Le bruit court toutefois qu'il adore Lucrece.

D. LOPE.

C'est d'vn peuple grossier l'ordinaire foiblesse.
Parce qu'il est galand, & voit cette beauté,
Quoy qu'il en soit toûiours assez mal écouté,
On veut croire son cœur esclaue de ses charmes,
Et mesme Leonor en a versé des larmes;
Mais il a sçeu toûjours s'en défendre si bien,
Qu'elle a trop recognu qu'il n'en fut iamais rien.

D. LOVYS.

Est-elle encor la mesme?

D. LOPE.

Ouy, toûiours trop fidelle.
C'est peu qu'il soit party sans prendre congé d'elle,
Elle mesme auec soin cherche à l'en excuser,
Et m'oste chaque iour tout lieu de rien oser.
Cependant, & c'est là que ma peine est extréme,

Ie luy rends des deuoirs pour luy contre moy-mesme,
Ie la vois pour luy plaire, & pour l'entretenir
D'vn feu qui n'est que trop dedans son souuenir.
Au seul nom de D. Iuan elle mesme rauie,
Pour en parler souuent, à la voir me conuie,
Et moy sans perdre espoir i'en attends le succez:
Ce m'est toûjours beaucoup d'auoir chez elle accez,
Et peut-estre qu'vn iour si par quelque caprice
Le Sort pour les broüiller vse de sa malice,
Elle se souuiendra que l'on voit rarement
Que qui fut bon amy soit infidelle Amant.

D. LOVYS.

Ie le souhaitte ainsi, mais Adieu, ie vous quitte,
C'est trop vous empescher de luy rendre visite.

D. LOPE *seul.*

En quel fâcheux estat me trouuay-ie reduit!
Tout le soin que ie prens m'est contraire & me nuit.
O cruauté du Ciel qui n'eut iamais d'exemple!
Mais ne la voy-ie point qui vient icy du Temple?
C'est elle, Amour, cessons de craindre son couroux,
Parlant pour vn amy, parlons vn peu pour nous,
Et s'il faut succomber sous le sort qui nous braue,
Qu'elle apprenne du moins qu'elle a plus d'vn esclaue.

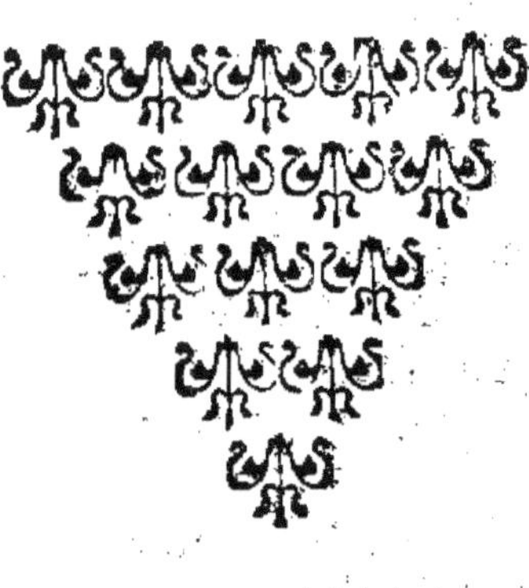

SCENE VII.

D. LOPE, LEONOR, IACINTE.

LEONOR.

C'Est vn bonheur pour moy de vous auoir trouué.
D. Iuan à Sarragoce enfin est arriué,
Et du moins vne lettre appaise ma cholere?

D. LOPE.

Madame, i'en attends tantost par l'Ordinaire.

LEONOR.

Si ie m'en plains, D. Lope, au moins i'en ay bien lieu,
M'auoir ainsi quittée, & sans me dire Adieu!

D. LOPE.

Daignez iuger par là de l'excez de sa flame,
L'eust-il pû prononcer, & ne pas rendre l'ame,
Voir vn si grand merite & des charmes si doux,
Et dire sans mourir, *Ie prens congé de vous?*

LEONOR.

D. Lope, en sa faueur i'ayme que l'on m'abuse,
Aussi bien mon amour fait assez son excuse,
Mais par quelque motif qu'il ait pû s'éloigner,
S'il m'aymoit, il a sceu fort mal le témoigner.

D. LOPE.

Ie ne l'excuse point, Madame, il est coulpable,
Ie sçay de quels bienfaits il vous est redeuable,
Qu'à pleines-mains sur luy vous les auez versez,
Que toûiours...

LEONOR.

Brisons-là, D. Lope, c'est assez,

Vn bienfait perd sa grace alors qu'on le publie,
Qui peut s'en souuenir merite qu'on l'oublie,
Et pour moy, si ie l'ose aduoüer aujourd'huy,
Ie m'obligeois moy-mesme en m'employant pour luy,
Ie rendois seulement iustice à son merite.
Ie veux bien toutefois ne le pas tenir quitte,
En iuger comme vous auec plus de rigueur;
Mais s'il m'est obligé, c'est du don de mon cœur,
Et c'est de ce don seul qu'il faut qu'il se souuienne,
Si son affection est égale à la mienne.

D. LOPE.

C'est de ce don aussi qu'il fait le plus d'estat,
Et pour n'en estre pas entierement ingrat,
Dans la necessité de quitter ce qu'il ayme
Il tâche à vous laisser la moitié de soy-mesme,
Il vous laisse en partant D. Lope auprés de vous;
Et comme l'amitié ne fait plus qu'vn de nous,
Si son éloignement vous tient lieu de disgrace,
Ie feray mon possible à bien remplir sa place.
Des soûpirs redoublez vous peindront ses ennuys,
Pour mieux estre D. Iuan, i'oublieray qui ie suis,
Le beau feu qui l'anime échauffera mon ame,
Et par le doux effort de cette viue flame...

LEONOR.

Il me suffit, ie crains que sous cette couleur
Vous ne parliez enfin auec trop de chaleur,
Pour n'oüyr rien de plus, Adieu, ie me retire.
L'amitié vous surprend & vous en fait trop dire,
D. Lope, vne autre fois soyez plus moderé.

D. LOPE.

Suiuons le triste sort qui nous est preparé.

Fin du premier Acte.

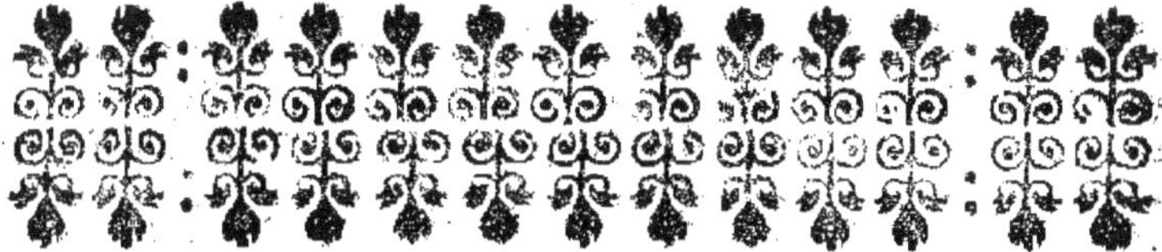

ACTE II.

SCENE PREMIERE.

LVCRECE, BEATRIX.

BEATRIX.

MADAME, de nouueau ie jure de me taire,
Mais encore apres tout que pretendez-vous faire?

LVCRECE.

Que te puis-ie répondre, & que demandes-tu?
De cent soucis diuers mon cœur est combatu,
En l'estat où ie suis moy-mesme ie l'ignore.

BEATRIX.

Mais vous aymez D. Iuan?

LVCRECE.

Dy plus, que ie l'adore.

BEATRIX.

Voir en vous vn amour & si prompt & si grand,
Madame, à dire vray, c'est ce qui me surprend;
D. Iuan plus de cent fois vous a fait voir sa peine
Sans meriter de vous que mépris & que hayne,
Ce n'estoient que froideurs, ce n'estoient que refus,
Cependant en huit iours vostre cœur n'en peut plus!

LVCRECE.

Ah, si pour moy D. Iuan depuis vn an soûpire,
Que n'ay-ie point souffert sans oser t'en rien dire!

Car pourquoy plus tenir ce secret enfermé?
Dés l'instant qu'il me vit, s'il m'ayma, ie l'aymay,
Mais iugeant que mon pere en ayant cognoissance
Pour vn homme sans biens auroit peu d'indulgence,
I'accusay fort long-temps mes yeux de trahison,
Cent fois à mon secours i'appellay ma raison,
Helas, combien en vain me suis-ie défenduë
Auant qu'aymer en luy la vertu toute nuë!
Quels efforts n'ay-ie faits, iusqu'à forcer mon cœur
D'affecter des mépris & s'armer de rigueur!
Peut-on plus mal-traiter iamais ce que l'on ayme?
Tu l'as veu, tu le sçais, & que D. Iuan luy-mesme
Lassé de voir son feu recompensé si mal
Fit dessein de quitter vn sejour si fatal,
Et qu'ennuyé d'aymer sans voir rien à pretendre,
Il prit congé de moy pour s'en aller en Flandre.
Ce fut lors que ce cœur n'osant se démentir
Fit ses derniers efforts pour le laisser partir,
Mais il n'estoit plus temps de s'armer de courage,
D. Iuan par sa presence auoit trop d'auantage,
Et dans vn tel rencontre en sçeut vser si bien....
Mais à quoy m'arrester, tu vis nostre entretien,
Et que son bon destin pour brauer mes caprices
Me fit en ce moment accepter ses seruices,
Et malgré mon orgueil conclurre enfin ce point
Qu'il feindroit de partir, & ne partiroit point.

BEATRIX.

Vous auez merité sans doute d'estre plainte;
Mais que peut à tous deux importer cette feinte?

LVCRECE.

Ce pretendu voyage auoit trop éclaté
Pour l'oser ainsi rompre auec legereté,
A force d'en chercher la veritable cause
Peut-estre en eut-on pû deuiner quelque chose,
Quitte ainsi pour vn temps à se cacher de iour,
Et sous quelque couleur feindre apres son retour.
Mais voicy D. Fernand. O la veuë importune!

SCENE II.

D. FERNAND, LVCRECE, BEATRIX, PHILIPIN.

D. FERNAND.

I'Accuse auec raison ma mauuaise fortune;
On ne vous sçauroit voir! toûiours seule chez vous!
De vous-mesme à la fin ie deuiendray jaloux.

LVCRECE.

La retraite me plaist, & chez moy solitaire
Du moins ie ne voy rien qui me puisse déplaire.
Qui vous porte à troubler le repos où ie suis?

D. FERNAND.

Vous n'aurez donc iamais pitié de mes ennuis?

LVCRECE.

Plaignez-vous-en ailleurs, pour moy ie les ignore.

D. FERNAND.

L'Amour....

LVCRECE.

Ne parlez point d'vn Tyran que j'abhorre.

D. FERNAND.

Mais vn amant qui souffre. . .

LVCRECE.

Ostez ce nom d'amant,
Il me choque, il me blesse.

D. FERNAND.

Ah, c'est injustement,
Puisqu'auec moins d'appas le Ciel vous eust formée
S'il n'auoit pas voulu que vous fussiez aymée.

LVCRECE.

Nr finirez-vous point cet importun discours?

D. FERNAND.

Voulez-vous estre aymable & cruelle toûiours?
Que i'ay de passion pour de si grands merites!

LVCRECE.

Que i'ay d'auersion pour ce que vous me dites!

D. FERNAND.

Que j'ayme ces beaux yeux! qu'ils ont d'attraits pour (moy!

LVCRECE.

Que ie hay le Soleil qui fait que ie vous voy!

D. FERNAND.

Ouy, la Lune en effet vous est plus fauorable,
Et vous fait voir sans doute vn obiet plus aymable.

LVCRECE.

Que me voulez-vous dire?

D. FERNAND.

Ah de grace, il suffit,
A qui m'entend assez ie n'en ay que trop dit.

LVCRECE.

Par ce discours obscur vous voulez qu'on vous crai(gne.

D. FERNAND.

Ie pourray l'éclaircir, s'il faut qu'on m'y contraigne.

LVCRECE.

Ie me retire donc apres vn tel aduis,
Vous estes en colere, & ie crains de voir pis.

D. FERNAND *l'arrestant.*

Sans ouïr mes raisons?

LVCRECE.

Ie ne puis les entendre.

D. FERNAND.

Malgré vous toutefois ie vous les veux apprendre.
C'est vn procez d'amour où i'ay quelque interest,
Ie vous en fais le Iuge, & j'attends vostre Arrest;
Mais ayant à loisir écouté ma partie,
Et peut-estre du fait estant mal aduertie,
I'ose vous demander audience à mon tour,
Puisqu'il l'a bien de nuit, ie puis l'auoir de iour.

Ie ne dis pas pourtant que de la mesme sorte
On me fasse couler par vne fausse porte,
Qu'on la laisse le soir entr'ouuerte, & qu'enfin
Tout bas par la fenestre on me parle au jardin,
Que Beatrix au guet rompe toute surprise,
Qu'vn galand quoy qu'absent vienne à l'heure promise,
Qu'vn voyage à dessein soit long-temps publié.

PHILIPIN *bas.*

Il a bonne memoire, il n'a rien oublié.
Au diable soit le maistre auecque sa harangue.
Où me suis-ie adressé pour joüer de la langue ?

LVCRECE.

Est-il vray, l'ay ay-ie oüy ?

PHILIPIN *à D. Fernand.*

Monsieur, qu'auez-vous fait?

D. FERNAND *à Philipin.*

D'vn iniuste mépris tu vois le iuste effet.

LVCRECE.

Qu'on m'ait ainsi trahie ! helas, ie suis perduë.
Ah, Beatrix.

BEATRIX.

Croyez....

LVCRECE.

Tay-toy, tu m'as venduë.
Malheur à qui se fie à de pareils esprits.

PHILIPIN *à D. Fernand.*

Voyez, on va chasser la pauure Beatrix.

BEATRIX *à Lucrece.*

Plûst au Ciel que vous-mesme auec vostre colere
N'eussiez pas aduoüé ce que i'auois sçeu taire,
Et que par ce reproche....

LVCRECE.

Encore vn coup, tay-toy.

PHILIPIN *à D. Fernand.*

Ie puis auoir bon dos, tout va tomber sur moy.

D. FERNAND *à Philipin.*

Que veux-tu, c'en est fait, mais pour moy, pour toy-mesme,

Tâche à remedier à ce desordre extréme,
Tu n'es que trop adroit pour en venir à bout,
Inuente, fourbe, ments, iure, j'auoüeray tout.

LVCRECE *à Beatrix.*

C'est vn point resolu, n'en dy pas dauantage.

BEATRIX *à Lucrece.*

Et bien, vous le voulez, il faut plier bagage,
Mais ie puisse à vos yeux si i'ay parlé de rien....

LVCRECE.

Ah, l'innocence mesme ! ô la fille de bien!

PHILIPIN *à D. Fernand.*

Monsieur, i'ay grande peine à bien mentir po[ur] l'heure,
Celle-cy passera faute d'vne meilleure.

D. FERNAND.

Bonne ou mauuaise enfin, parle, ie t'ayderay.

PHILIPIN *tout haut à D. Fernan[d].*

Deussiez-vous me chasser, Monsieur, ie le diray.

à Lucrece.

Madame, écoutez-moy, que ce couroux s'appaise.

à D. Fernand.

Vous me faites en vain signe que ie me taise.

à Lucrece.

Iamais de vostre amour Beatrix n'a parlé,
Et le Ciel, oüy le Ciel luy seul l'a reuelé.

LVCRECE.

Que dit cet importun ?

PHILIPIN.

Vous en doutez peut-estre?
Mais sçachez en deux mots que D. Fernand m[on] maistre,
Celuy qu'icy present vous voyez interdit,
Pour l'esprit qu'il possede a le corps trop petit.
Dedans l'Astrologie il n'a point son semblable,
Enfin c'est vn prodige, ou plustost vn vray diable,
Rien pour luy n'est secret, & sans de grands e[f]forts,
Ie pense qu'il feroit mesme parler les morts.

BEATRI[X]

BEATRIX.

Ton maiſtre eſt Aſtrologue !

PHILIPIN.

Aſtrologogiſſime.

D. FERNAND.

Sa fourbe va bien-toſt me mettre en bonne eſtime.
Quoy, maraut . . . .

PHILIPIN.

Ouy, Monſieur.

BEATRIX.

Plûſt à Dieu qu'on le crût.

PHILIPIN.

Vous eſtes Aſtrologue, ou iamais il n'en fut.
Ie ſçay qu'en l'aduoüant ie perds tous mes ſeruices,
Mais i'ayme Beatrix Reyne des Beatrices,
De tout ſoupçon icy i'ay deu la dégager.

à Lucrece.

Depuis plus de huit iours il me fait enrager,
Il contemple le Ciel meſme aux nuits plus obſcures,
Il fueillette vn grand liure, & fait mille figures,
C'eſt ſans doute par là qu'il a ſçeu vos amours.

D. FERNAND.

Donc, jaſeur inſolent, tu cauſeras toûjours!
T'a-t'on icy gagé pour conter vne fable ?

PHILIPIN.

Ie n'ay rien dit, Monſieur, qui ne ſoit veritable.
Ne me fiſtes-vous pas encore hier au ſoir
Remarquer vn jardin dedans vn grand miroir,
Et quelque temps apres n'y vis-ie pas paroiſtre
Vn homme qu'attendoit Madame à ſa feneſtre?

à Lucrece.

Ie ne le pûs entendre alors qu'il vous parla,
Mais parmy plus de cent ie dirois, *Le voilà*,
Tant ie me remets bien ſon air & ſon viſage.

D. FERNAND *à Lucrece.*

Il me perdra d'honneur s'il en dit dauantage,
Et bien-toſt à l'oüyr vous me croirez Sorcier.
Mais puiſque ie voudrois en vain vous le nier,

Madame, j'aduoüeray qu'en mon voyage en France
Du grand Nostradamus j'acquis la cognoissance,
Auec tant de bonheur qu'il m'enseigna son Art,
Et n'eut point de secrets dont il ne me fist part.
Ce fut donc à hanter ce rare & grand Genie
Qu'en assez peu de temps i'appris l'Astrologie:
Mais pour oser icy m'en seruir librement
Ie cognoy trop le peuple & son déreglement,
Il hait cette science, & croit que qui l'exerce
Doit auec les Démons auoir quelque commerce.
Ainsi craignant sa langue & d'en faire l'essay,
I'ay toûiours auec soin caché ce que ie sçay,
Tant que las de souffrir vostre rigueur extréme,
I'en ay voulu sçauoir la cause de moy-mesme,
I'ay consulté le Ciel, & l'ay trouuée enfin,
I'ay trouué la fenestre auecque le jardin,
Du trop heureux D. Iuan i'ay sçeu la feinte absence,
Mais n'apprehendez rien de cette cognoissance,
Mon interest m'oblige icy d'estre discret,
Nostre sort est pareil, c'est secret pour secret,
On vous a dit le mien, i'ay découuert le vostre,
Asseurez-moy de l'vn, ie vous répons de l'autre.

BEATRIX.

O l'habile homme!

PHILIPIN *à Lucrece.*

Et bien, vous auois-ie menty?

BEATRIX.

La verité, Madame, enfin prend mon party.
Pour moy i'auois bien sçeu par vn confus murmure
Qu'il se mesloit vn peu de la Bonne-aduanture;
Mais ie vous ay venduë, il a tout sçeu de moy!

LVCRECE.

I'auois assez de peine à soupçonner ta foy,
Mais enfin, Beatrix, sans son Astrologie
Eust-il rien pû sçauoir à moins qu'on m'eust tr-
hie?

D. FERNAND *à Philipin.*

Tout va bien, Philipin, la fourbe a reüssi.

PHILIPIN *à D. Fernand.*

La bonne Dame en tient, & n'eſt pas ſans foucy,
Vous verrez ſon orgueil reduit à la priere.

LVCRECE.

Genereux D. Fernand, eſprit plein de lumiere,
D'vn amant dédaigné ie craindrois le couroux
S'il falloit faire excuſe à tout autre qu'à vous,
Mais dans le haut degré de ſcience où vous eſtes
Vous cognoiſſez du Ciel les pratiques ſecrettes,
Et qu'agiſſant en nous d'vn pouuoir abſolu
On ne ſçauroit changer ce qu'il a reſolu.

BEATRIX.

Madame, briſez-là, j'apperçois voſtre pere.

D. FERNAND.

Ah, que cette rencontre eſtoit peu neceſſaire!

SCENE III.

LEONARD, D. FERNAND, LVCRECE, BEATRIX, PHILIPIN.

LEONARD.

QVelle affaire auez-vous auec ce Caualier?

LVCRECE.

C'eſt curioſité, ie ne le puis nier,
Depuis deux ou trois iours i'ay ſceu par vne amie
Qu'il eſtoit fort expert dedans l'Aſtrologie,
Et ie le conſultois pour ſçauoir au certain
A quel époux le Ciel a deſtiné ma main.

D. FERNAND *à Philipin.*

Elle veut éprouuer ſi ma ſcience eſt vraye.

LEONARD.

Souuent vn Aſtrologue en menſonges nous paye,
Et l'effet rarement confirme ſon raport.
Mais que vous a-t'il dit qui vous trouble ſi fort?

D. Loüys paroiſt, à qui Philipin va conter à l'oreille l'aduanture de ſon maiſtre, & ils ſe tiennent éloignez de dix pas à écouter Leonard & D. Fernand.

D. FERNAND.

Ie luy parlois, Monſieur, de certaine diſgrace
Dont ie voy clairement que le Ciel la menace,
Elle s'en fâche vn peu, comme vous pouuez voir.

LEONARD.

Mais en ſi peu de temps qu'auez-vous pû ſçauoir?

D. FERNAND.

Que l'époux trop heureux que le Ciel luy deſtine
Eſt pauure, & pour tout bien n'a que ſa bonne mine.

LEONARD.

Il ne faut pas ainſi craindre legerement,
Ma fille.

BEATRIX *bas.*

De quel front le bon Caualier ment!

LVCRECE.

Cette prédiction me met beaucoup en peine.

LEONARD.

Ne vous alarmez point, ie la puis rendre vaine.

LVCRECE.

Toutefois D. Fernand qui me prédit ce point
Eſt vn grand Aſtrologue, & ne ſe trompe point,
Bien d'autres en ma place auroient inquietude.

LEONARD.

Certes, l'Aſtrologie eſt vne grande eſtude,
Bien digne d'occuper vn eſprit curieux,
Et noble d'autant plus qu'elle s'attache aux Cieux.
Si vous la poſſedez dans le degré ſupréme
Peu ſçauent les moyens d'y reüſſir de meſme,

La ſpeculation n'eſt pas bonne pour tous.
Quoy qu'il en ſoit enfin, Monſieur, ie ſuis à vous ;
I'eus toûjours grãde ardeur pour ceux dont la ſcience
Releue le bon ſang qu'ils ont de leur naiſſance,
Et s'il faut librement vous en faire l'adueu,
Dans mon ieune âge auſſi ie m'en meſlois vn peu,
Mais differens ſoucis, l'embarras des affaires
M'ont fait prendre depuis des ſoins plus neceſſaires.
Dites-moy cependant. Auriez-vous pour ſuſpect
Saturne regardant Venus d'vn trine aſpect,
Et peut-on iuſtement tirer vn bon augure
De la conjonction d'Hecate auec Mercure?

D. FERNAND *bas.*

Il parle Hebreu pour moy, ie ſuis pris, c'en eſt fait.

PHILIPIN *à D. Louys.*

Il auroit beſoin d'eſtre Aſtrologue en effet.

D. FERNAND *bas.*

N'importe, efforçons-nous, & payons d'impudence.
Pour vous dire en deux mots, Mõſieur, ce que i'en pẽ-
Venus aux amoureux promet beaucoup de biens, (ſe,
Et Saturne peut tout ſur les Saturniens:
Mais la triplicité de cette conjoncture,
Ainſi que l'vnion d'Hecate auec Mercure,
Combinant leurs aſpects, ou les retrogradant
Sur l'horizon fatal d'vn bizarre aſcendant,
Pourroit paralaxer ſur vn cerueau ſi tendre...

LEONARD.

Ce diſcours eſt ſi haut que i'ay peine à l'entendre,
De grace, en ma faueur pour éclairciſſement
Expliquez-vous vn peu plus populairement.

D. FERNAND.

Ce ſont termes de l'Art.

LEONARD. Pardonnez à mon âge
Qui n'en conſerue plus qu'vne confuſe image,
Ces termes en mon temps n'eſtoient pas fort connus,
Mais la ſcience augmente, & ce temps-là n'eſt plus.

D. FERNAND.

Tout s'y voit ſi changé depuis quelques années,

Qu'en autre caractere on lit les Destinées,
Mesme Nostradamus mon maistre en ce grand Art
Auoit & son langage & ses regles à part:
C'est pourquoy le discours où mon esprit s'applique,
Tient vn peu de l'obscur & de l'enigmatique,
Ie dois suiure ses pas comme son écolier.

LEONARD.

Mais si vous vouliez estre vn peu plus familier?

SCENE IV.

LEONARD, D. FERNAND, D. LOVYS, LVCRECE, BEATRIX, MENDOCE, PHILIPIN.

MEDOCE *à Leonard.*

Monsieur.

LEONARD.

Que me veux-tu?

PHILIPIN *à D. Fernand tandis que Mendoce parle tout bas à Leonard*

Vostre esprit s'éuertuë
Monsieur, c'est tout de bon.

D. FERNAND.

Tu vois comme i'en suë.

PHILIPIN.

Le galimathias ira-t'il encor loin?

D. FERNAND.

Philipin, vn amy se cognoist au besoin.
Fay-moy quelque message, & par vn tour d'adresse
Dans vn pas si mauuais....

LEONARD *à D. Fernand.*

C'est affaire qui presse,
Monsieur, excusez-moy, ie vous quitte à regret,
Et brûlois de sçauoir ce langage secret :
Mais nous nous reuerrons touchant cette science,
Et nous pourrons ensemble en faire experience.
Adieu.

SCENE V.

D. FERNAND, D. LOVYS, PHILIPIN.

D. FERNAND *à Philipin.*

SAns ton secours le peril est passé.
à D. Loüys.
Que tout à l'heure, amy, i'estois embarassé!
Mon aduanture est rare & digne qu'on l'admire.

D. LOVYS.

Sçachez que Philipin m'en a desia fait rire,
Et qu'à dix pas d'icy nous écoutions comment
Le vieillard vous parloit Astrologiquement.

D. FERNAND.

I'ay répondu de mesme & l'ay fait perdre terre.

D. LOVYS.

Mais vous ne l'auez pas vaincu de bonne guerre,
Il vous entendoit mal.

D. FERNAND.

Ie m'entendois bien moins.

D. LOVYS.

Pour vous mieux expliquer, vous prendrez quelques (soins,

Et ſur ces mots nouueaux vous luy rendrez viſite?
D. FERNAND.
Par celle d'auiourd'huy i'en pretends eſtre quitte.
D. LOVYS.
Mais vn grand Aſtrologue, ou pour tel aduoüé....
D. FERNAND.
Il cognoiſtra bien-toſt que ie l'auray joüé.
Les belles queſtions cependant qu'il m'a faites
A moy qui ne cognois ny Signes, ny Planettes!
D. LOVYS.
Ouy, mais en recompenſe vn diſcours ſi hardy
S'il ne l'a terraſſé, l'a ſi bien étourdy,
Que j'oſerois gager qu'en ce qui vous regarde
Vous le pourrez long-temps mettre encor hors de garde.
De grace acheuez donc, ioüez-le iuſqu'au bout,
Faites la piece entiere, il admirera tout,
Il vous ſeroit honteux qu'elle fuſt imparfaite;
De voſtre haut ſçauoir ie ſeray le trompette,
I'en vay ſemer le bruit, & s'il apprend d'ailleurs
Que vous ayez de l'Art les ſecrets les meilleurs,
Si ce bruit ſurprenant de vos fauſſes merueilles
Par la ville eſpandu vient fraper ſes oreilles,
Comme il en a deſia l'eſprit préoccupé,
Iamais plus galamment homme ne fut dupé.
D. FERNAND.
Non, mais ce paſſe-temps vn peu trop me hazarde,
Au peril qui le ſuit vous ne prenez pas garde,
Et que c'eſt engager ma gloire & mon repos.
D. LOVYS.
Auſſi nous cognoiſtrons combien il eſt de ſots,
Et quand meſme on ſçaura que ce ſoit raillerie,
Le tout ne paſſera que pour galanterie.
D. FERNAND.
Mais quelque bon ſuccez que i'en puiſſe eſperer
Ce plaiſir apres tout ne peut long-temps durer.
Car ſi publiquement ce bruit par tout ſe coule,
On viendra chaque iour me conſulter en foule,

Mes réponſes bien-toſt m'acquerront grand renom.

PHILIPIN.

Qu'importe ? vous direz tantoſt ouy, tantoſt non,
Vous aurez quelque égard à l'âge, à la perſonne,
Et du reſte, Monſieur, Dieu la leur donne bonne,
Iamais vn Aſtrologue eſt-il garand de rien ?

D. LOVYS.

Le hazard fait ſouuent prophetiſer fort bien.
Vous deuez ſeulement mettre beaucoup d'eſtude
A ne rien affirmer auecque certitude,
Du preſent, du paſſé diſcourir rarement,
Toûiours de l'aduenir parler obſcurement,
Examiner la choſe, en peſer l'importance.
Mais j'apperçoy de loin D. Lope qui s'auance,
Laiſſez-moy, c'eſt par luy que ie veux commencer.

D. FERNAND.

Ie m'abandonne à vous.

SCENE VI.

D. LOVYS, D. LOPE.

D. LOVYS *feignant de ne point voir D. Lope.*

QVi l'auroit pû penſer?
O ſurprenant prodige ! incroyable merueille !
N'eſt-ce point quelque ſonge, eſt-il vray que ie veille?

D. LOPE.

Qu'auez-vous, D. Louys ?

D. LOVYS.

A peine en ſçay-ie rien,
Et ie doute aujourd'huy ſi ie me cognois bien.
Effets miraculeux !

D. LOPE.

Ne puis-ie les apprendre?

D. LOVYS.

Ie crains....

D. LOPE.

Nous sommes seuls, on ne peut vous entendre.

D. LOVYS.

Mais il faut du secret.

D. LOPE.

Fiez-vous sur ma foy.

D. LOVYS.

Sçachez que D. Fernand vient de s'ouurir à moy.

D. LOPE.

Et bien ?

D. LOVYS.

Et qu'il a fait en suite en ma presence
Des choses que j'auouë estre hors de croyance,
I'ay peine à m'en remettre.

D. LOPE.

Acheuez, qu'a-t'il fait?

D. LOVYS.

Ie ne cognus iamais vn esprit si parfait.
Dans vn degré si haut il sçait l'Astrologie,
Que ie l'accuserois volontiers de Magie.
Il a sçeu de ma vie, & presque en vn moment,
Ce qu'on n'en peut sçauoir que par enchantement;
Et cela, de ma main tirant des conjectures,
Et puis sur du papier traçant quelques figures.
Qui croiroit à le voir si galand....

D. LOPE.

N'est-ce pas
Cet esprit enjoüé, D. Fernand Centellas,
Dont on prise à l'enuy les graces nompareilles ?

D. LOVYS.

Ouy, c'est luy dont ie parle, & qui fait ces merueilles.
Certes il faut qu'il aye vn secret incognu.

D. LOPE.

Ie croy deux ou trois fois l'auoir entretenu,

Mais ie remarquois bien, non qu'il eust cognoissance
De cette merueilleuse & diuine science,
Mais du moins qu'il estoit homme de grand esprit.

D. LOVYS.

Vous serez donc encor beaucoup plus interdit,
Si vous m'accompagnez vn iour chez ce rare homme,
Qu'il me doit faire voir vne Dame de Rome,
Qui pendant que j'y fus, me voulut quelque bien.

D. LOPE.

Se peut-il qu'en effet. . . .

D. LOVYS.

Ce n'est encor là rien ;
Car pour vous dire au vray toute mon auanture,
Il a fait deuant moy parler vne peinture.
C'est ce qui me confond au point que vous voyez.

D. LOPE.

Vous croiray-ie, est-il vray?

D. LOVYS.

Si vous ne me croyez,
Vous auez de bons yeux, & les croirez peut-estre.

D. LOPE.

Ie vous en prie, amy, faites-le moy cognoistre,
Sans doute il m'apprendra si D. Iuan est jaloux,
Et par quelle raison. . . .

D. LOVYS.

I'ay sçeu cela pour vous,
Il trompe Leonor, & voit de nuit Lucrece.

D. LOPE.

Pour certain? D. LOVYS.

Pour certain.

D. LOPE.

O Ciel, que d'allegresse!

D. LOVYS.

Adieu, mais prenez garde à ne parler de rien,
On pourroit l'accuser d'estre Magicien.
En voicy du moins vn desia dedans le piege.

D. LOPE *seul.*

En quel estonnement auiourd'huy me trouuay-ie?

A peine puis-ie encor rassembler mes esprits,
Tant mes sens sont ensemble & confus & surpris.
D. Fernand Astrologue, & D. Iuan infidelle !
Ie te rends grace, Amour, l'occasion est belle,
I'imagine vn moyen qui peut me rendre heureux,
Et D. Fernand l'inspire à mon cœur amoureux.
Allons voir Leonor, vantons-luy sa science,
Et de D. Iuan en suite examinant l'absence
Faisons naistre en son cœur le desir de le voir
Par l'effet merueilleux de son diuin pouuoir.
Que si pour s'y resoudre elle est assez hardie,
Elle apprendra de luy toute sa perfidie,
Verra que c'est vn fourbe, & qu'il est à Madrid,
Et lors, que ne peut point la honte & le dépit ?
Ouy, de sa folle erreur estant desabusee,
Son cœur sera sans doute vne conqueste aisée,
Et ie puis esperer, si ie prens bien mon temps,
De voir dans peu de iours tous mes desirs contens.
Ne differons donc plus, & sans perdre courage
Allons, quoy qu'il en soit, commencer cet ouurage.

Fin du second Acte.

ACTE

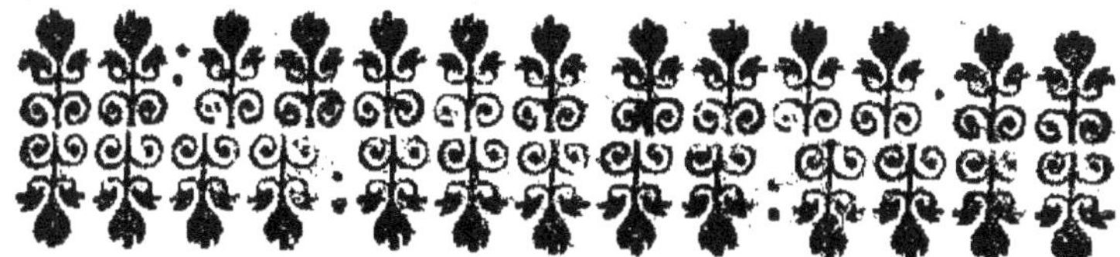

ACTE III.

SCENE PREMIERE.

D. FERNAND, D. LOVYS, PHILIPIN.

D. LOVYS.

ASTROLOGVE excellent, miraculeux esprit,
Vous faites auiourd'huy l'entretien de Madrid,
Comme il ne fut iamais de fourbe mieux conceuë,
Iamais auec plus d'heur fourbe ne fut receuë,
Chacun également en est persuadé,
Auec respect desia vous estes regardé,
Et si quelque incident ne vient troubler la feste,
Vous passerez bien-tost pour vn nouueau Prophete.

D. FERNAND.

Aussi pour confirmer ce que l'on croit de moy,
Ie ne perds point de temps.

PHILIPIN *donnant deux liures à D. Louys.*

Ces liures en font foy,
Voyez.

D. LOVYS *ouurant les deux liures.*

Vn Almanach, vn traité de la Sphere !

PHILIPIN.

Il en diſputeroit s'il eſtoit neceſſaire,
Vous ne viſtes iamais Aſtrologue pareil.

D. LOVYS.

Vous cognoiſſez du moins les maiſons du Soleil?

D. FERNAND.

Ie cognois meſme encor le Zenith, l'Ecliptique,
Le Tropique du Cancre, & le Pole Antarctique,
Ces termes de *Iupin s'oppoſant à Venus*,
Grace à mon Almanach, ne m'épouuantent plus,
Et meſme en vn beſoin par quelque préambule
Ie broüillerois l'eſprit d'vne femme credule.
Ie n'ay fait toutefois dans ce commencement
Qu'vn effort de memoire, & non de iugement,
Il me faut fuyr encor le pere de Lucrece.
Auez-vous cependant pouſſé bien loin la piece?

D. LOVYS.

Aſſez loin, & peut-eſtre en rirez-vous vn peu.
I'ay ſçeu trouuer d'abord vne maiſon de jeu,
Où i'ay tout debité dans vne troupe amie
De ceux qu'on nomme là piliers d'Academie,
De ces preſteurs à poſte, & comme tout le iour
Attendant la rencontre ils tiennent là leur cour,
Vous ſçauez que de tout curieux ils s'informent,
Que ſur chaque nouuelle ils taillent, ils reforment;
Iugez ſi ie pouuois m'eſtre mieux adreſſé.
Chez les Comediens de là ie ſuis paſſé,
Où pour mieux faire croire vne telle merueille
I'en ay dit à beaucoup le ſecret à l'oreille,
Et cette confidence a ſi bien pullulé,
Que d'oreille en oreille il s'eſt par tout coulé.
Au ſortir de ce lieu (ſouffrez qu'encor j'en rie)
Vn amy m'a conté ma propre menterie,
Auec tant de ſermens que c'eſtoit verité,
Que moy-meſme à l'oüyr i'en ay preſque douté.
Enfin le iour manquant i'ay paſſé par la Place,

Où pour vous vn certain mentoit de bonne grace,
Et recitoit, tout prest d'en jurer au besoin,
Cent choses dont luy-mesme il se disoit témoin.
Cinq ou six l'écoutoient, ie m'approche, & pour rire
I'ay sur ce qu'il disoit voulu le contredire,
Mais luy plein de colere & d'indignation,
M'interrompant soudain auec émotion,
Ie dis ce que i'ay veu, m'a-t'il dit, *& peut-estre*
Vous en parlez ainsi faute de le cognoistre,
Ou vous portez enuie aux hommes de vertu ;
Et moy sur ce ton là craignant d'estre battu,
Ie me suis retiré pour en rire à mon aise.

D. FERNAND.

L'histoire est excellente.

D. LOVYS.

Elle n'est pas mauuaise.

D. FERNAND.

Que l'on trouue à Madrid d'impertinens menteurs !

D. LOVYS.

Les nouueautez par tout trouuent des sectateurs,
Mais ce qui me surprend dedans cette auanture....

PHILIPIN.

Vne Dame, Monsieur, d'assez belle stature,
Demande à vous parler sans témoins vn moment.

D. FERNAND.

Amy, retirez-vous dans cet apartement,
Ne s'agiroit-il point icy d'Astrologie ?

D. LOVYS.

Plûst à Dieu, j'en aurois l'ame toute rauie,
Aussi-bien vous faut-il par vn effort d'esprit
En tromper deux ou trois pour vous mettre en credit.

D. FERNAND.

Quoy que ce soit, d'icy vous le pourrez entendre.

SCENE II.

D. FERNAND, LEONOR, IACINTE, PHILIPIN.

LEONOR.

VNe telle visite a droit de vous surprendre.

D. FERNAND.

Elle m'honore trop, & i'en suis tout confus.

LEONOR.

Pour vous voir, D. Fernand, j'aurois fait encor plus,
Puisqu'auec passion i'ay souhaité cognoistre
L'homme le plus sçauant qu'on ait iamais veu naistre.
Ah, Iacinte, ie tremble, & n'ose m'expliquer.

D. FERNAND.

Madame, à ce discours ie ne puis repliquer,
Vn éloge si haut m'en met dans l'impuissance:
Ie possede en effet quelque foible science,
Mais....

LEONOR.

Non non, c'est en vain que vous vous raualez,
Ie sçay vostre merite & ce que vous valez,
Et que faire parler vn corps priué de vie
N'est que le moindre effet de vostre Astrologie.

D. FERNAND.

Ce que vous en croyez m'est trop auantageux,
Mais puis-ie vous seruir? ie m'en tiendrois heureux.

LEONOR.

Ah, D. Fernand.

D. FERNAND.

D'où vient que vostre cœur soûpire

LEONOR.

Vous pourriez m'épargner la honte de le dire,
Puisque ce haut sçauoir dont chacun est jaloux
Vous fait cognoistre assez ce que ie veux de vous.

D. FERNAND.

Et par cette raison vostre raison est vaine,
Car enfin si ie sçay le sujet qui vous méne,
Ce que vous me direz en cette occasion
Ne sçauroit augmenter vostre confusion.

LEONOR.

Mais que vous seruira d'entendre ma foiblesse?
Vous ne sçauez que trop le desir qui me presse,
Me montrer à vos yeux, c'est vous ouurir mon cœur:
Ne me traitez donc point auec tant de rigueur,
Et puisqu'à vous parler ie suis si peu hardie
Faites ce que ie veux sans que ie vous le die.

PHILIPIN *à D. Fernand.*

Elle dit bien, Monsieur, songez à l'obliger.

D. FERNAND *à Philippin.*

Ie croy qu'elle a dessein de me faire enrager,
Deuiner sa pensée! est-elle raisonnable?
Et suis-ie pour cela Magicien ou Diable?

PHILIPIN.

Payez encor vn coup de galimatias,
Et dites de grands mots qu'elle n'entende pas.

D. FERNAND *à Leonor.*

Sans vouloir feindre icy, ie confesse, Madame,
Que ie puis penetrer les secrets de vostre ame,
Voir à nud vostre cœur, lire dans vostre sein,
Mais sçachez que pour vous ie m'employerois en vain
Si vous ne témoigniez par vn recit sincere
Vostre consentement à ce qu'il faudra faire.
Peut-estre tâchez-vous de voir par cet essay
Si ie suis ce qu'on dit, & si ce bruit est vray,
Mais gardez d'empescher l'effet de ma science,
Car enfin il y faut beaucoup de confiance,
I'ay mes regles à part, & n'agis pas toûiours
Selon qu'apparemment les Astres ont leur cours.

La force de mon Art paſſe vn peu l'ordinaire,
Et pour vous en donner vne preuue bien claire,
Ie vay vous découurir, ſi vous le ſouhaitez,
Quelle eſt voſtre penſée, à quoy vous la portez,
Si voſtre cœur eſt libre, ou quel obiet l'enflame,
Et ce que vous auez de plus caché dans l'ame :
Mais cela fait auſſi, ne me demandez rien,
Ie ne puis rien pour vous.

LEONOR.

Quel malheur eſt le mien,
Qu'il faille me reſoudre à viure infortunée,
Ou rougir d'vn recit où ie ſuis condamnée.
I'ayme, & le digne objet qui regne ſur mon cœur
Par cent & cent deuoirs s'en eſt rendu vainqueur,
Mais encor que pour luy j'euſſe vne amour fort tédre,
Il m'a quittée enfin pour s'en aller en Flandre,
Auec tant de mépris que ſans me dire Adieu
Il a pû ſe reſoudre à partir de ce lieu.
On m'en vient toutefois d'apporter cette lettre
Qui me promet encor ce qu'il m'oſa promettre,
Et m'aſſeurant pour luy d'vne immuable amour
Me fait auec ardeur ſouhaiter ſon retour.
Ie brûle de le voir, & quoy qu'en apparence
L'effet de ce deſir paſſe toute puiſſance,
I'ay ſçeu que par voſtre Art de tous ſi fort vanté
Vous pourriez ſurmonter cette difficulté,
Et dés ce meſme ſoir faire à mes yeux paroiſtre
Celuy qui de mon ame a ſçeu ſe rendre maiſtre.
Ainſi, ſi d'vn beau feu iamais la noble ardeur
Pour vn obiet aimable échauffa voſtre cœur,
Par l'Amour, par ce Dieu que chacun apprehende,
Ne me refuſez point ce que ie vous demande.

D. FERNAND *à Philippin.*

Que luy pourray-ie enfin répondre là deſſus ?

PHILIPIN *à D. Fernand.*

Appellez au ſecours le grand Noſtradamus.

D. FERNAND.

Le vieillard Aſtrologue eſtoit moins redoutable.

PHILIPIN.

Dites qu'il luy faut faire vn pacte auec le Diable.

D. FERNAND *à Leonor.*

Madame, ie ne ſçay pour qui vous me prenez,
Ny ce que de mon Art vous vous imaginez,
Car où pretendez-vous que ie puiſſe aller prendre
Vn hõme que vous-meſme aduoüez eſtre en Flandre?

LEONOR.

Ah, vous faites encor des prodiges plus grands,
I'en ſuis bien informée & i'en ay bons garands.

PHILIPIN *bas.*

I'en euſſe oſé iurer.

D. FERNAND.

Croyez qu'on vous abuſe,
L'impoſſibilité fait ſeule mon excuſe,
Mon Art pour vous ſeruir n'eſt point aſſez puiſſant
S'il faut faire à vos yeux paroiſtre vn homme abſent,
C'eſt ce qu'on ne fait point par ſimple Aſtrologie,
Ces Fantômes parlants ne vont que par Magie,
Dont la noire ſcience eſtant ſujette aux loix
D'vn courage bien noble eſt rarement le choix;
D'ailleurs, la viſion eſt fort melancholique
D'vn eſprit enfermé dans vn corps fantaſtique,
Cette apparition pleine d'horreur en ſoy
Fait pâlir bien ſouuent les plus hardis d'effroy,
Et vous y manqueriez ſans doute de courage.

LEONOR.

Non non, de mon amant ſi ce ſpectre a l'image,
Dans cette viſion, dans ce charme trompeur,
I'auray plus de plaiſir que ie n'auray de peur.
Mais vous vous défiez peut-eſtre d'vne femme,
Et croyez qu'vn ſecret ſoit mal ſeur....

D. FERNAND.

Non, Madame,
Car ie confeſſe enfin puiſque vous m'en preſſez,
Que pour vous obeïr i'en ſçay peut-eſtre aſſez,
Et ſi i'ay dit d'abord qu'il m'eſtoit impoſſible,
C'eſt parce que i'y trouue vn obſtacle inuincible;

Vous m'auez dit qu'en Flandre est cet amant heureux,
Ainsi ie ne puis rien, la mer est entre-deux,
Cet élement sauuage à mes charmes s'oppose,
Et fait de mon refus la vraye & seule cause.

LEONOR.

Cet obstacle de mer est facile à leuer,
Car de long-temps en Flandre il ne peut arriuer,
Puisque depuis huit iours ayant quité la ville
A Sarragoce encor sa presence est vtile,
Vn procez l'y retient.

D. FERNAND *à Philipin.*

A ce coup m'y voicy.

PHILIPIN *à D. Fernand.*

Chacun croit depuis peu D. Iuan party d'icy.
Si c'estoit luy, Monsieur?

D. FERNAND *à Philipin.*

Cela pourroit bien estre,
Sans nous trop engager tâchons de le cognoistre.
S'il est ainsi, Madame, il reste seulement
A me faire sçauoir le nom de vostre amant,
C'est vne circonstance où vous manquez encore,
I'en dois estre informé, non pas que ie l'ignore,
Car enfin aduoüez qu'estant né de bon sang
Il a fort peu de bien à soustenir son rang,
Que nous sommes tous deux enuiron du mesme âge.

LEONOR.

Ie ne le puis nier.

D. FERNAND *à Philipin.*

C'est luy-mesme, courage.

à Leonor.

Peut-estre croirez-vous qu'auec peu de raison
Puisque ie le cognois ie demande son nom?
Mais si ie ne l'apprens de vostre propre bouche
Ie ne puis satisfaire au desir qui vous touche,
Nostre Art de ce tribut se rend vn peu jaloux.

LEONOR.

Helas, qu'à prononcer ce nom me sera doux!
Il s'appelle D. Iuan. Que faut-il encor dire

Pour obtenir de vous le bonheur où j'aspire?

D. FERNAND.

Puisque la mer enfin ne m'embarasse plus,
Madame, il ne me reste aucun lieu de refus.
Regardez-moy l'œil fixe.

LEONOR.

O fille fortunée!

D. FERNAND.

Monstrez-moy vostre main. Quel iour estes-vous née?

LEONOR.

L'onziéme de Iuillet.

D. FERNAND.

Enfin vous voulez voir
Cet amant si chery?

LEONOR.

S'il se peut dés ce soir.
De ce desir mon ame est si fort possedée...

D. FERNAND.

Il me faut faire vn pacte auecque son Idée,
Ce charme est innocent, mais pour vn tel dessein
I'ay besoin d'vn billet écrit de vostre main.

LEONOR.

Puis-ie rien refuser pour ce que ie souhaite?

D. FERNAND.

Ie le déchireray ma figure estant faite.
Dépesche, Philipin, de l'encre & du papier.

LEONOR *à Iacinte.*

Et bien, qu'en penses-tu?

IACINTE.

Madame, il est Sorcier,
Et si vous écriuez, c'est chose indubitable
Qu'il portera soudain vostre billet au Diable,
On parlera de vous ce soir dans le Sabat,
Ie l'en refuserois.

LEONOR.

Ton cœur trop tost s'abat,
Et pour mon interest tu te mets trop en peine.

D. FERNAND *luy presentant [la] plume.*

Ie m'en vay vous dicter, écriuez.

PHILIPIN *à Iacinte pendan[t] que Leonor écrit.*

Et bien, Reyne?

IACINTE.

Que ton maistre est sçauant!

PHILIPIN.

Bien plus qu'il ne paroi[t].

IACINTE.

Ie pense qu'auec luy tu peux bien marcher droit,
Puisqu'il lit dans les cœurs en voyant les personnes?

PHILIPIN.

Quand il en sçait le nom, c'est assez.

IACINTE.

Tu m'estonne[s].
Comment se peut cela n'en sçachant que le nom?

PHILIPIN.

C'est que toûjours en poche il a quelque Démon.

IACINTE.

Vn Démon! & tu sers vn tel maistre?

PHILIPIN.

Qu'importe?
Vn Diable quelquefois n'est pas mauuaise escorte,
I'entens vn familier, ne t'épouuante pas.

D. FERNAND *à Leonor.*

Vostre nom manque encore, il faut le mettre a[u] bas.

LEONOR.

Est-ce assez?

D. FERNAND.

Ouy, Madame.

LEONOR.

Adieu, ie vous le laiss[e]
Souuenez-vous de moy.

D. FERNAND.

Ie tiendray ma promesse.

IACINTE *se cachant le visage.*

Faut-il qu'il me regarde ! Helas, ie meurs de peur.

D. FERNAND *à Iacinte.*

Tu te caches les yeux, & ie vois dans ton cœur.

IACINTE.

Si vous ſçauez, Monſieur, le ſecret où ie penſe,
Que ma maiſtreſſe au moins n'en ait point cognoiſ-
ſance,
Elle feroit chaſſer Fabrice aſſeurément.

SCENE III.

D. FERNAND, D. LOVYS, PHILIPIN.

D. FERNAND.

ENfin m'en voilà quite, & ſans enchantement.

D. LOVYS.

Vn ſi bon tour joüé vous va donner la vogue
D'vn ſçauant perſonnage, & d'vn grand Aſtrologue,
Voſtre renom bien-toſt s'en accroiſtra par tout.

D. FERNAND.

I'ay bien encor ſué pour en venir à bout,
Ie ne ſouffris iamais vn plus cruel martyre.

D. LOVYS.

I'auois beaucoup de peine à m'empeſcher de rire,
Et ſur tout mon plaiſir ne ſe peut exprimer
Alors qu'elle a détruit voſtre obſtacle de mer.

D. FERNAND.

I'eſtois lors, ie l'aduoüe, en mauuaiſe poſture.

D. LOVYS.

Vous auiez fort mal pris auſſi voſtre meſure,
On va par terre en Flandre auſſi bien que par eau.

D. FERNAND.

Et que sçait vne fille ? il seroit fort nouueau
Qu'elle fust plus sçauante en la Cosmographie
Que ie ne suis moy-mesme en mon Astrologie.
I'auois encor dequoy me sauuer à demy
Sur ce qu'il faut passer en pays ennemy,
Ce passage eust détruit la force de mes charmes.

D. LOVYS.

Elle vous a pourtant donné bien des alarmes?

D. FERNAND.

Iusques à me voir presque au bout de mon Latin.

D. LOVYS.

La plaisante aduanture ! & son billet enfin ?

D. FERNAND.

Lisez, ce ne sont pas choses pour vous secrettes.

D. LOVYS *lit.*

D. Iuan, ie sçay bien où vous estes,
Venez me voir dés cette nuit.

LEONOR.

L'artifice est assez bien conduit,
Et vous pouuez beaucoup auecque cette lettre.

D. FERNAND.

Dans les mains de D. Iuan il faudra la remettre,
Qui sans doute croyant qu'on l'a fait épier
Ira voir Leonor pour se iustifier,
Se trahira luy-mesme ; ainsi par cette adresse
Ie me vange, & détruis les plaisirs de Lucrece.
Si d'ailleurs Leonor trop credule en ce point
Le prend pour vn Fantôme & ne l'écoute point,
On ne peut inuenter fourbe plus accomplie
Pour confirmer le bruit de mon Astrologie.
Reste à faire tenir maintenant ce billet.

PHILIPIN.

De ce soucy, Monsieur, chargez vostre valet.

D. FERNAND.

Mais il le faut donner en main propre.

PHILIPIN.

A luy-mesme,

I'en ſçay bien les moyens.

D. FERNAND.

Et par quel ſtratagême?

PHILIPIN.

Il n'eſt pas grand, Monſieur, & vous l'allez ſçauoir.
Dans ſon jardin Lucrece attend D. Iuan ce ſoir,
Voicy meſme à peu prés l'heure qu'il s'y doit rendre,
C'eſt là que de ce pas ie veux l'aller attendre,
Et ſi ie ne luy fais changer de rendez-vous. . . .

D. LOVYS.

Cet aduis en effet eſt le meilleur de tous.

D. FERNAND *luy donnant le billet.*

Va donc viſte. Ie meurs d'en ſçauoir des nouuelles.

PHILIPIN.

Vous en ſçaurez bien-toſt, Mõſieur, & des plus belles,
La porte du jardin n'eſt pas bien loin d'icy.

ſeul.

Quel intrigue iamais a valu celuy-cy,
Et que i'ay bien dequoy faire auiourd'huy le rogue
D'auoir fait ériger mon maiſtre en Aſtrologue!
Que l'on croit de leger, & qu'à ce que ie voy
Il en eſt à Madrid de plus badauts que moy!
Mais j'enrage deſia d'auoir fait mon meſſage,
D. Iuan en peſtera ie croy de bon courage,
Et n'aura pas grand ſoin de me bien regaler
Lors que de Leonor il m'entendra parler.
Bon, voicy le jardin, occupons-en la porte,
Il ne peut m'échaper ſoit qu'il entre ou qu'il ſorte,
N'en eſtant point cognu, ie ne hazarde rien.
I'entens marcher quelqu'vn, ſi c'eſt luy, tout va bien.

SCENE IV.

D. IVAN, PHILIPIN.

D. IVAN *heurtant Philipin comme il va pour entrer.*

Qvi va là?

PHILIPIN.

I'y venois, Monsieur, pour vous attendre.
Leonor m'a donné ce billet à vous rendre,
Et vous prie instamment de la voir cette nuit,
Voila quel est mon ordre.

D. IVAN.

Où me vois-ie reduit!
Amy, de grace, écoute. Il fuit, il m'abandonne,
Et dans l'obscurité ie ne vois plus personne.
Quel Démon ennemy, quel infidelle esprit
A pû luy découurir que ie suis à Madrid?
Ah, ie n'en puis douter, la preuue en est trop claire,
Don Lope m'a trahy pour tâcher de luy plaire,
Il l'adore, & i'ay trop recognu pour mon mal
Qu'en luy j'auois bien moins vn amy qu'vn Riual.
O disgrace! ô malheur à qui tout autre cede!
Mais il faut, s'il se peut, y donner prompt remede,
L'aller voir de ce pas, pour détruire l'espoir
Qu'vn amy déloyal peut desia conceuoir.
Si ce billet aussi n'estoit qu'vne imposture?
Voyons auparauant si c'est son écriture,
Et s'il est de sa main allons au rendez-vous,
Et tâchons dés ce soir d'appaiser son couroux.
Ie vois de la lumiere, aduançons, l'heure presse.

SCENE V.

LEONOR, IACINTE.

IACINTE.

MAis croyez-vous encor qu'il tienne sa promesse,
Et qu'en si peu de temps D. Fernand au besoin
Puisse obliger D. Iuan à venir de si loin ?

LEONOR.

Pauure esprit ! esprit foible ! auec ton ignorance
Voudrois-tu limiter cette haute science,
Qui pourueu que la mer ne fust point entre-deux
Produiroit des effets cent fois plus merueilleux ?
Sans doute qu'il viendra, non luy, mais son Image,
Vn spectre tout pareil de port & de visage.

IACINTE.

Et quel plaisir, Madame, aurez-vous de le voir ?
Pourquoy le souhaiter ?

LEONOR.

Tu ne le peux sçauoir
Si tu ne sçais qu'Amour, ce charmant aduersaire,
Luy-mesme est la raison de tout ce qu'il fait faire.

IACINTE.

Et bien, vous le verrez, ie veux vous l'accorder.
Mais si c'est vn Fantôme, vn corps qui n'est que d'air,
N'aurez-vous point de peur ?

LEONOR.

Point du tout : mais on frape.

IACINTE.

Vous pâlissez, Madame, vn soûpir vous échape !
Vous croyez que c'est luy peut-estre ?

LEONOR.

Aucunement,
Mais va voir ce que c'eſt. D'où vient ce changement
Quelle ſecrette horreur s'empare de mon ame ?
Ie tremble, qu'ay-ie à craindre !

SCENE VI.

D. IVAN, LEONOR, IACINTE.

IACINTE *laiſſant tomber la lumiere qu'elle porte.*

AH Madame, ah Madame,
C'eſt luy-meſme, ſinon qu'il eſt beaucoup plus grand.

LEONOR *fuyant.*

Ah Ciel, ah !

D. IVAN.

Cet accueil, Leonor, me ſurprend.

LEONOR.

Ma curioſité ne ſert qu'à me confondre,
C'eſt la voix de D. Iuan, mais ie ne puis répondre,
Et quand i'ay pris deſſein de le faire appeller
I'ay ſouhaité le voir, & non pas luy parler.

IACINTE *cachée.*

Que ie crains que ce ſpectre, ou bien pluſtoſt ce Diable
Ne me vienne chercher iuſques ſous cette table.

D. IVAN.

Quelle confuſion, & quel charme eſt-ce-cy !
Leonor, c'eſt donc moy que vous traitez ainſi ?
Moy qui viens tout exprés vous donner aſſeurance
Que ſur mon cœur vous ſeule auez toute puiſſance?

LEONOR *fuyant toûjours.*

Ie ne veux point de toy, j'abhorre ce pouuoir,
Et c'est le vray D. Iuan que ie souhaite voir.

D. IVAN.

Ie suis toûjours le mesme, & ma foy n'est point fausse.

LEONOR.

Fantôme, laisse-moy, retourne à Sarragoce.

Elle se retire dans vn petit cabinet dont elle ferme la porte.

D. IVAN.

Et de grace, écoutez mes raisons de plus prés.
Leonor. Est-ce feinte, est-ce jeu fait exprés?
Que fais-tu là, Iacinte?

IACINTE *se retirant auec violence de dessous la table qu'elle fait tomber auec la lumiere qui s'esteint.*

A l'ayde, ie suis morte,
C'en est fait.

D. IVAN *seul.*

Qui iamais fut receu de la sorte?
Ay-ie perdu l'esprit? suis-ie moy-mesme encor?
Iacinte, à m'écouter oblige Leonor.
Leonor. L'vne & l'autre est sourde à ma priere,
Personne ne répond, & ie suis sans lumiere.
Qui la peut obliger à se cacher de moy?
Est-ce hayne? est-ce horreur pour mon mãque de foy?
En quels doutes mon ame est-elle enseuelie!
N'importe, laissons-la joüyr de sa folie,
Et cependant allons à l'autre rendez-vous
Tâcher d'y receuoir vn traitement plus doux.

Fin du troisiéme Acte.

ACTE IV.

SCENE PREMIERE.

D. IVAN, LVCRECE, BEATRIX.

D. IVAN.

Vn chagrin ſi profond me ſurprend & m'afflige,
Madame, à ſoûpirer quel ſujet vous oblige?
Doutez-vous de mon cœur? doutez-vous de ma foy?

LVCRECE.

Ie crains tout, ie l'aduouë, & pour vous & pour moy,
Et ne puis empeſcher ma vertu de s'abatre
Voyant quels ennemis nous auons à combattre.
Songez-y bien, D. Iuan, vn amant mépriſé
Iamais à ſa vengeance a-t'il rien refuſé?
Croyez-vous D. Fernand plus genereux qu'vn autre?
Son intereſt ſur luy peut-il moins que le noſtre?
Il ſçait que i'ay de nuit ſouffert voſtre entretien,
Iugez ſi pour nous perdre il épargnera rien,
S'il pourra ſe dompter iuſques à ne point nuire
Au bonheur d'vn Riual quand il le peut détruire.

D. IVAN.

Ses efforts seront vains si vous m'aymez encor.

LVCRECE.

Ie n'en dis pas autant de ceux de Leonor.

D. IVAN.

Ah, Madame ! c'est faire vn outrage à ma flame.

LVCRECE.

Qu'est-ce qu'vn premier feu ne peut point sur vne
ame?
Nommez si vous voulez cet amour vn deuoir,
Enfin elle est aymable, & vous la deuez voir,
Et si vous refusez vostre cœur à ses charmes,
Le refuserez-vous à l'effort de ses larmes ?

D. IVAN.

Ah, ce doute cruel me touche au dernier point,
Et bien, si vous voulez ie ne la verray point.
Qu'elle menace, tonne, éclate de cholere,
Ie mettray seulement tous mes soins à vous plaire,
Et de quelque malheur dont ie sente les coups
Ie viuray trop heureux estant aymé de vous.
Mais d'vne autre douleur ie sens la viue atteinte,
Et si j'ose à mon tour vous expliquer ma crainte,
Que ne tentera point vostre pere alarmé
S'il apprend que de vous D. Iuan soit estimé?
Que n'employera-t'il point pour chasser de vostre
ame
Tout ce qui peut nourrir vne si belle flame?
Il vous menacera, vous craindrez son couroux,
Et lors peut-estre, & lors m'abandonnerez-vous,
Et direz comme luy que c'est vne foiblesse
Où le bien a manqué, d'estimer la noblesse,
D'aymer vn bon courage . . .

LVCRECE.

Ah, iugez mieux de moy,
La vertu suffit seule à soustenir ma foy,
Et ie ne porte point vn cœur assez esclaue
Pour effacer par crainte vn portrait qu'elle y graue,
I'y conserue le vostre.

D. IVAN.

O trop heureux amant!

LVCRECE.

Pour gage de ma foy prenez ce Diamant,
Seur que ie suis à vous, & que quoy qu'il aduienne
Iamais sa fermeté n'égalera la mienne.

D. IVAN.

Dans l'excez du plaisir ie ne me cognois plus,
Et de tant de bontez & surpris & confus
Ne sçachant que vous dire., & ne pouuant me taire...

LVCRECE.

Vous poursuyurez tantost, voicy venir mon pere.

SCENE II.

LEONARD, LVCRECE, D. IVAN, BEATRIX.

LEONARD.

NE voy-ie pas D. Iuan? quoy, desia de retour!

D. IVAN.

Vn procez impréueu me renuoye à la Cour,
Et me fait differer mon voyage de Flandre.
Ie viens de Sarragoce.

LEONARD.

Et que fait-là mon gendre?

D. IVAN.

D'vn fauorable accueil ie luy suis obligé,
Il vous auoit écrit, & m'en auoit chargé:
Mais ie m'estois muny d'vn valet si fidelle,
Qu'il m'a volé ma malle & la lettre auec elle.

LEONARD.

Ainsi vous auez fait vn retour malheureux!

D. IVAN.

Ainsi pour moy le Ciel est toûjours rigoureux;
Car enfin ce malheur m'est d'autant plus contraire
Qu'il ne vous écriuoit que touchant mon affaire,
Vous priant de m'ayder en ce dont il s'agit
Et de vostre conseil & de vostre credit.

LEONARD.

Ie n'ay credit, amys, ny conseil qu'auec joye,
Si ie puis vous seruir, au besoin ie n'employe,
Ie m'offre sans reserue, & si vous m'épargnez
Ce sera me monstrer que vous me dédaignez.

D. IVAN.

C'est faire trop de grace au peu que ie merite:
Mais vous m'excuserez, Monsieur, si ie vous quitte,
Quiconque a des procez est à soy rarement,
I'ay quelque ordre à donner où ie cours promptement,
Pardonnez si i'en vse auec tant de franchise.

LEONARD.

Il n'en est point, D. Iuan, qu'vn procez n'authorise.

SCENE III.

LEONARD, LVCRECE, BEATRIX.

LEONARD.

QVoy, contre ton humeur tu resveras toûjours?
D'où ce pesant chagrin peut-il prendre son cours?
Tire-moy de soucy.

LVCRECE.

Ce n'est rien.

LEONARD.

Mais encore?
Ne me le cele point.

LVCRECE.

Moy-mesme ie l'ignore,
C'est peut-estre vn effet de mon temperament.

LEONARD.

Ah, Lucrece!

LVCRECE.

S'il faut l'aduoüer librement,
I'ay perdu quelque nippe, & c'est la seule cause
Qui fait en mon humeur cette metamorphose.

LEONARD.

Et bien, qu'as-tu perdu?

LVCRECE.

I'en suis toute en couroux.

LEONARD.

Dy donc.

LVCRECE.

Ce diamant que ie tenois de vous.

LEONARD.

Ne t'inquiete point, vn peu de patience,
On le retrouuera.

LVCRECE.

I'en ay peu d'esperance;
I'ay fait chercher par tout, sans doute il est perdu.
M'eust-il cousté le double, & me fust-il rendu!

LEONARD.

L'occasion peut-estre à quelqu'vn s'est offerte,
Mais il est fort aisé d'en reparer la perte,
Il en est de plus beaux, en trauail, en valeur.

LVCRECE.

Ils me consoleroient fort peu de ce malheur,
Celuy-là me plaisoit.

LEONARD.

L'attachement estrange!
Pour beau que fust vn autre elle perdroit au change.
Va, quitte ce chagrin, ie vay tout maintenant
Sur cet anneau perdu consulter D. Fernand.

BEATRIX.

Pour excuser l'humeur qui vous rend si resveuse,
Vous auez tout gasté.

LVCRECE.

Que ie suis malheureuse!

BEATRIX.

Taisez-vous, il reuient.

LEONARD.

Dy-moy, ce diamant,
De quand est-il perdu?

LVCRECE.

D'aujourd'huy seulement.

LEONARD.

L'heure?

LVCRECE.

Entre neuf & dix.

SCENE IV.

LVCRECE, BEATRIX.

LVCRECE.

Qvel conseil dois-ie prendre?

BEATRIX.

De ce chien d'Astrologue il s'en va tout apprendre,
Pour moy ie tiens desia vostre amour découuert.

LVCRECE.

Ce n'est que D. Fernand en effet qui me pert,
Mais quoy qu'il entreprẽne, & quoy qu'il puisse faire,
Mon amour craindra peu l'authorité d'vn pere,
Mon cœur est à D. Iuan, rien ne le peut forcer,
Et son espoir est vain s'il prétend l'en chasser.

BEATRIX *seule.*

Que ne peut vne fille ayant l'amour en teste!
Mais il faut diuertir l'orage qui s'appreste,
Instrnire Philipin de ce qui s'est passé,
De peur que D. Fernand ne soit embarrassé,
Et que rompant commerce auec l'Astrologie
Il n'apprenne au vieillard toute la tromperie.

SCENE

SCENE V.

D. FERNAND, D. LOVYS.

D. FERNAND.

EN quelle extremité me vois-ie icy reduit !

D. LOVYS.

Mais c'est par vostre adueu que i'ay semé ce bruit.

D. FERNAND.

Ouy, de l'Astrologie, & non pas d'autre chose ;
Cependant de l'Enfer on croit que ie dispose,
Peu s'en faut qu'en la ruë on ne me montre au doigt.

D. LOVYS.

Vn mensonge toûiours en moins de rien s'accroit,
On y change, & chacun le debite à sa mode:
Mais qu'a pour vous encor ce bel Art d'incommode?
Dequoy vous plaignez-vous ?

D. FERNAND.

De voir petits & grands
Me venir proposer cent doutes differents,
Ie ne me vis iamais en pareil exercice ;
Et comme ie répons seulement par caprice,
I'auray bien-tost acquis le renom d'imposteur.

D. LOVYS.

Le meilleur Astrologue est le plus grand menteur,
Et c'est toûiours beaucoup que par ce tour d'adresse
Vous vous soyez vangé des mépris de Lucrece,
Vostre Riual vous craint, vous troublez ses plaisirs,
Et tout semble d'accord auecque vos desirs.

D. FERNAND.

Croyez que sans regret ie luy cede la place,
Ie ne trauaille point à causer sa disgrace,

F

Et mon amour esteint, il m'importe fort peu
Que Lucrece aujourd'huy recompense son feu.

D. LOVYS.

Que n'aduoüyez-vous donc le tout auec franchise,
Sans vous faire Astrologue?

D. FERNAND.

Admirez ma sottise;
Car à dire le vray ie ne me comprens pas,
De m'estre mis moy-mesme en vn tel embarras,
Sans que la piece ait eu cause plus importante
Que la crainte de voir chasser vne seruante.
I'auois bien pour ce coup la ceruelle à l'enuers.

D. LOVYS.

Cessez d'en murmurer, puisque ie vous y sers,
I'ay part à l'imposture, & ie prens pour mon conte
En l'osant diuulguer la moitié de la honte.
Mais y peut-on trouuer rien indigne de nous?

SCENE VI.

D. FERNAND, D. LOVY LEONOR, IACINTE.

LEONOR.

I'Ay bien lieu, D. Fernand, de me plaindre de vo

D. FERNAND.

Voicy pour m'acheuer, l'incommode personne!
Vous, Madame, de moy! ce reproche m'étonne.
En quoy le puis-ie auoir depuis hier merité?

LEONOR.

Si D. Iuan en effet ne s'est point absenté,
S'il estoit à Madrid, puisque vostre science
Des plus obscurs secrets vous donne cognoissance,

Dites, à quel dessein me l'auez-vous celé ?

D. FERNAND.

Ie l'ignorois encor lors que ie vous parlay,
Et ne l'ay découuert qu'en faisant ma figure,
Mais à bien regarder toute cette auanture
Rien n'y sçauroit tourner à ma confusion ;
Au lieu de son Fantôme & d'vne illusion,
Si quoy qu'il se cachast auec vn soin extréme,
A vous aller trouuer ie l'ay contraint luy-mesme,
Puis-ie mieux témoigner la force de mon Art,
Et qu'il n'est ny trompeur, ny suiet au hazard ?

LEONOR.

Cette raison l'emporte, il faut que ie luy cede ;
Mais à mon déplaisir donnez quelque remede.
Le parjure au mépris de tant de vœux offerts
D'vne beauté nouuelle ose porter les fers,
C'est pour elle auiourd'huy qu'à Madrid il s'arreste,
I'ay sçeu tout le détail de cette amour secrette,
Et que les Astres seuls à qui vous commandez
Sont les témoins du feu dont ils sont possedez :
Puisqu'à vostre science il n'est rien d'impossible,
Empeschez ce commerce à mon cœur trop sensible,
Rompez les tristes nœuds de cet attachement,
Aux yeux qui l'ont surpris dérobez mon amant,
Faites qu'il se repente, & que pour ma vengeance
Ma Riuale à son tour pleure son inconstance.

D. FERNAND.

Ayez de vostre amant des sentimens meilleurs,
On vous trompe sans doute, il n'ayme point ailleurs,
Et quoy qu'il soit vn peu blâmable en sa conduite,
Du suiet qui l'arreste on vous a mal instruite,
Vous en estes la cause, & son esprit jaloux
A voulu se guerir en se cachant de vous,
Pour vous faire obseruer il a feint ce voyage ;
Mais, Madame, cessez d'en auoir de l'ombrage,
Car enfin il vous ayme, & toute sa rigueur
Asseure à vos beautez l'empire de son cœur,

D'vn faux mépris peut-estre il couurira sa flame,
Mais quoy qu'il dissimule, il vous adore en l'ame.

LEONOR.

Agreable asseurance ! helas, pardonne-moy,
D. Iuan, si sans raison i'ay douté de ta foy:
Le Ciel, ô D. Fernand, vous soit toûiours propice,
Adieu.

SCENE VII.

D. FERNAND, D. LOVYS.

D. LOVYS.

LA pauure Dame est toute sans malice,
Et de vostre réponse a grande ioye au cœur.

D. FERNAND.

Sa priere à ce coup ne m'a point fait de peur,
Et ie me doutois bien, comme elle est fort crédule,
Que ie l'endormirois d'vn espoir ridicule.
Me voicy libre enfin.

D. LOVYS.

Non pas trop libre encor,
Et quelqu'vn. . . .

D. FERNAND.

Ah, c'est là bien pis que Leonor.

SCENE VIII.

LEONARD, D. FERNAND, D. LOVYS.

LEONARD.

D. Fernand.

D. FERNAND.

Ah, Monsieur, quel sujet vous améne?

LEONARD.

Ie viens pour vous prier de me tirer de peine.

D. FERNAND.

Que sera-ce?

LEONARD.

Excusez si j'agis librement,
Et commence par là mon premier compliment,
Auecque mes amis c'est ainsi que ie traite.

D. FERNAND.

Vne telle franchise est ce que ie souhaite.

LEONARD.

Vn certain diamant qu'on a perdu chez moy
Fait soupçonner mes gens, & douter de leur foy,
Et comme ce desordre y cause grand murmure,
Daignez en ma faueur faire quelque figure,
Pour découurir au vray ce qu'il est deuenu.

D. LOVYS *à D. Fernand.*

O qu'en bonne saison le vieillard est venu!

D. FERNAND *à D. Louys.*

Pour durer plus d'vn iour la fourbe est trop grossiere,
Ie vous l'auois bien dit.

LEONARD *à D. Louys, voyant resver D. Fernand.*

Il resve à ma priere,

Sans doute il l'examine auec attention.

D. LOVYS *à Leonard.*

Ce métier a besoin de speculation,
Et ie l'ay veu souuent en rencontre semblable
Dans vne resverie à peine conceuable,
Il semble que l'esprit abandonne le corps.

LEONARD.

Aussi faut-il en faire agir tous les ressorts,
Et que iusques au Ciel sa viuacité monte.

D. FERNAND *bas.*

Ouy, le vouloir fourber c'est me couurir de honte,
Ie n'en puis esperer qu'vn embarras plus grand.

LEONARD *à D. Louys.*

Voyez pour m'obliger quelles peines il prend.

D. LOVYS.

A vous rendre content sans doute il se dispose.

LEONARD *à D. Fernand.*

Et bien, m'en allez-vous apprendre quelque chose?

D. FERNAND.

Comme à vous abuser ie n'ay point d'interest,
Sçachez qu'on croit de moy beaucoup plus qu'il n'en est.
Ie ne le cele point, i'ay bien quelque principe
De cette Astrologie où tant de monde pipe,
Et sur ce fondement mes amis indiscrets
Ont feint d'en auoir veu de merueilleux effets;
Mais quoy qu'on en publie, & quoy que l'on en pense,
Aucun n'en vit iamais la moindre experience,
Et si par leur exemple à cette feinte instruit
Moy-mesme quelquefois i'ay confirmé ce bruit,
Ce n'a iamais esté que quand la raillerie
Loin de passer pour crime estoit galanterie:
Mais icy qu'il s'agit de vous parler sans fard,
Quel que soit le renom que m'ait acquis cet Art,
La reputation ne m'en est point si chere,
Que pour la conseruer ie vueille vous rien taire.
Ainsi croyez qu'en vain touchant ce diamant
Vous attendez de moy quelque éclaircissement,

En quelque main qu'il ſoit, & quoy qu'il en puiſſe
eſtre,
Par le peu que ie ſçay ie n'en puis rien cognoiſtre.

LEONARD.

Quand ie n'aurois pas ſçeu par le rapport d'autruy
Que vous eſtes l'honneur des ſçauants d'aujour-
d'huy,
Et que l'on fait de vous par tout vn cas extréme,
Cette humilité ſeule à parler de vous meſme
Me perſuaderoit de ce que vous ſçauez.

D. FERNAND.

Perdez ces ſentimens pour moy trop releuez,
Ie ne ſçay rien du tout, & ie vous le proteſte.

LEONARD.

La preuue du contraire eſt par là manifeſte.
Ainſi les plus ſçauants, ainſi les plus parfaits
Doiuent eſtre toûjours modeſtes & diſcrets,
Et ne pas obſcurcir l'éclat de leur ſcience
Par le faſte inſolent d'vne vaine arrogance.

D. LOVYS.

Il paſſe bien ſon temps.

D. FERNAND.

O le vieillard maudit!
Si i'eſtois en effet ce que l'on vous a dit,
Quand meſme ie voudrois me cacher à tout autre,
Ie donnerois icy mon intereſt au voſtre,
Et ie vous en dirois la pure verité.

LEONARD.

Ie vous le dis encor que cette humilité
Plus que voſtre ſcience eſt en vous eſtimable,
Elle eſt d'vn grand eſprit la marque indubitable;
Quiconque ſçait beaucoup préſume peu de ſoy,
La vanité iamais ne luy donne la loy,
Il deſcend en ſoy-meſme, il tâche à ſe cognoiſtre,
C'eſt n'eſtre pas ſçauant que s'imaginer l'eſtre,
Et quelque Art que ce ſoit, pour en diſcourir bien,
Qui croit y tout ſçauoir ſans doute n'y ſçait rien.
Mais pour venir enfin à ce qui me regarde...

D. FERNAND.

Il me va rendre fou, si ie n'y prends bien garde.

LEONARD.

Ce diamant perdu sembloit d'autant plus beau
Qu'il seruoit de cachet aussi-bien que d'anneau,
Ie l'auois fait grauer. Et s'il est d'importance
Que vous sçachiez encor cette autre circonstance,
C'est entre neuf & dix qu'on croit l'auoir perdu.

SCENE IX.

LEONARD, D. FERNAND D. LOVYS, PHILIPIN.

PHILIPIN *tout haut, presentant vn papier à D. Fernand.*

MOnsieur, l'autre ce soir vous doit estre rendu.
Il le tire à part, & luy parle à l'oreille.
C'est pretexte, écoutez.

LEONARD *à D. Louys.*

D'où vient qu'il me refuse

D. LOVYS.

Peut-estre de Magie il craint qu'on ne l'accuse,
On est prompt à médire, & le peuple ignorant
Attribuë aux Démons tout ce qui le surprend,
C'est par cette raison que vous le voyez feindre.

LEONARD.

Ie sçay ce qu'il faut taire, il n'a pas lieu de craindre.

PHILIPIN *à D. Fernand.*

C'est ce que maintenant m'a conté Beatrix.

D. FERNAND *à Philipin.*

Ton secours vient à temps, & sans toy j'estois pris.

à Leonard.

Pardonnez deuant vous si i'ay receu message,
Ie sçay bien le respect que l'on doit à vostre âge,
Mais l'affaire pressoit.

LEONARD.

Vous me rendez confus:
Mais de grace auec moy ne dissimulez plus.

D. FERNAND.

Si i'en sçauois assez....

LEONARD.

L'excuse est inutile,
Vne bague perduë, est-il rien plus facile?

D. FERNAND.

Monsieur, encore vn coup, ie vous le dis sans fard.

LEONARD.

Monsieur, encore vn coup laissons la feinte à part,
Et m'apprenez enfin ce que ie veux apprendre.

D. FERNAND.

De peur de vous fâcher ie voulois m'en défendre,
Mais vous m'y contraignez.

LEONARD.

Rien ne me peut fâcher.

D. FERNAND.

Oyez donc ce qu'en vain i'ay voulu vous cacher,
Et sçachez que desia resvant à vostre affaire
I'ay fait en mon esprit ce qu'il a fallu faire.
Celuy qui ce matin vous a fait compliment
En habit de campagne, a vostre diamant.

LEONARD.

Qui l'auroit soupçonné d'vne si noire tache,
Et qu'estant si bien fait il eust l'ame si lâche?
Mais quoy! c'est vn effet de la necessité
Qui du sang le plus pur rend vn sang tout gasté.
Vous voyez, D. Fernand, qu'en vain vous vouliez taire
Ce dont sur vostre front ie vois le caractere.

Quand ie dis vne fois, *Cet homme a de l'esprit,*
C'est vn sçauant du siecle, il l'est sans contredit,
Adieu.

SCENE X.

D. FERNAND, D. LOVYS PHILIPIN.

D. LOVYS.

SAns Philipin il vous la bailloit belle.

D. FERNAND.

Mais rencontrant D. Iuan, s'il faut qu'il le querelle,
Comme l'ayant volé, ce sera bien le bon.

PHILIPIN.

Qu'importe s'il le prend pour gendre, ou pour larron
C'est bien la mesme chose, & l'vn & l'autre en somme
Pour en auoir le bien veut la mort du bon-homme.

D. FERNAND.

Quoy que tout iusqu'icy m'ait succedé fort bien
Ie suis las d'vn métier où ie ne cognois rien,
Mais afin d'en sortir auecque plus de gloire,
Puisque ie vois le pere en humeur de tout croire,
Ie veux faire si bien, loing d'en estre jaloux,
Que D. Iuan de Lucrece aujourd'huy soit l'époux,
Et confesse deuoir à ma feinte science
De son fidelle amour la iuste recompense.
Mais quelqu'vn entre encor.

D. LOVYS.

Quel est ce bon vieillard?

D. FERNAND.

Depuis plus de trente ans il sert chez Leonard.

SCENE XI.

D. FERNAND, D. LOVYS, MENDOCE, PHILIPIN.

D. FERNAND.

AH, Mendoce.

MENDOCE.

Ah, Monsieur, en faueur de Lucrece,
Lucrece nostre bonne & commune maistresse,
Si j'osois vous prier.

D. FERNAND.

Parle, acheue, dequoy?

MENDOCE.

De peu de chose.

D. FERNAND.

Dy, ie feray tout pour toy.

MENDOCE.

Las de seruir toûjours, il m'a pris vne enuie
De reuoir mon pays pour y finir ma vie,
I'y porte quelque argent, le fruit de mes sueurs:
Mais comme les chemins sont remplis de voleurs,
Pour y tenir ma bourse à couuert du pillage,
Et mesme pour gagner les frais d'vn long voyage,
Ie voudrois bien, Monsieur, que par enchantement
Vous me fissiez chez moy porter en vn moment.

D. FERNAND *à D. Louys.*

Vous pouuez voir par là ce que l'on me croit estre.

PHILIPIN *à Mendoce.*

Il suffira de moy sans employer mon maistre,
I'en sçay trop pour cela, ie t'y feray porter.

D. FERNAND.

Mendoce, pour ce soir va toûjours t'apprester,
Philipin aura soin de ce qu'il faudra faire.

MENDOCE.

Monsieur, ie m'en défie.

D. FERNAND.

Il n'ose me déplaire,
N'en apprehende rien.

D. LOVYS.

Il est tout satisfait.

D. FERNAND.

Allons en rire vn peu dedans mon cabinet;

à Philippin.

Feins que ie suis sorty si quelqu'vn me demande.

SCENE XII.

MENDOCE, PHILIPIN.

MENDOCE.

Fay pour moy ce qu'il faut, ton maistre le commande,
Mais tu te mesles donc aussi de son métier?

PHILIPIN.

Depuis que ie le sers, ie suis demy Sorcier.

MENDOCE.

Mais est-il si sçauant?

PHILIPIN.

Plus qu'on ne s'imagine,
C'est vn terrible esprit.

MENDOCE.

Il en a bien la mine.

PHILIPIN.

PHILIPIN.

On diroit à l'oüyr quand il parle d'autruy,
Qu'il lit dedans les cœurs, ou le Diable pour luy.

MENDOCE.

Qu'vn valet est à plaindre auec tel personnage !
Ainsi si quelquefois allant faire vn message
Vn amy par hazard te vient prendre en defaut,
Et t'oblige à tarder vn peu plus qu'il ne faut,
Tu n'oses luy donner cette bourde legere :
Le Courrier est venu plus tard qu'à l'ordinaire,
I'ay long-temps attendu que Monsieur eust écrit,
I'ay veu chez le Tailleur s'il faisoit vostre habit,
Et ce que nous fournit en diuerse rencontre
La peur d'estre chassez, ou de receuoir monstre.
Pour moy, j'aymerois mieux & gueuser & pâtir,
Que de seruir vn maistre & n'oser luy mentir.

PHILIPIN.

D'abord ainsi qu'à toy cela m'estoit bien rude,
Mais on se fait à tout auec vn peu d'étude.

MENDOCE.

Tu n'oserois d'ailleurs, quoy qu'auec gens discrets,
Ny médire de luy, ny conter ses secrets,
Ou s'il arriue enfin quand sa bile le presse
Qu'à bons coups de baston il te fasse carresse,
De peur de pis encor il te faut filer doux,
Et sans oser t'en plaindre aualer ton couroux.
O qu'on est consolé quand auec ses semblables
On dõne de grand cœur vn maistre à tous les Diables,
Cette seule douceur vaut tout le mal passé.

PHILIPIN.

C'est à quoy rarement ie me suis exercé,
Aussi mon maistre est bon.

MENDOCE.

Facile, ou difficile,
En vne belle nuit ma foy ie ferois gille.

PHILIPIN.

Ne sçauroit-il pas bien mon dessein en ce cas ?

MENDOCE.

Autre incommodité que ie ne contois pas.
Mais où ie trouue encor de grands desauantages
S'il voit dedans les cœurs & lit sur les visages,
Le moyen en seruant d'amasser vn teston ?
Remplit-on le gousset sans le tour du baston ?
Et pouuons-nous auoir dequoy faire débauche
Sans ces menus profits qui nous viennent à gauche?
Tu sçais que de l'argent qui tombe en nostre main
Selon l'occasion on retient le douzain,
Et que peu de valets en font quelque scrupule.

PHILIPIN.

C'est à dire en deux mots que tu ferres la mule ?
C'est vn bon reuenu dont il me faut passer,
Mon maistre hait le vol plus qu'on ne peut penser,
Et ie croy pour cinq sols que sans misericorde
Il me feroit apprendre à dancer sous la corde :
Mesme ie te plains fort de l'estre venu voir,
Te seruant du talent & l'ayant fait valoir,
Car comme en te voyant il l'aura pû cognoistre,
Il pourra bien tantost en aduertir ton maistre.

MENDOCE.

En aduertir mon maistre ! helas, ie suis perdu.

PHILIPIN.

Pourquoy ? ton pis aller n'est que d'estre pendu.

MENDOCE.

Hé de grace, en faueur d'vn compagnon d'office,
Empesche, si tu peux, qu'il ne l'en aduertisse.

PHILIPIN.

As-tu bien dérobé ?

MENDOCE.

Peu de chose à la fois.

PHILIPIN.

Mais souuent ?

MENDOCE.

Enuiron vingt ou trente par mois.

PHILIPIN.

A te dire le vray, ie n'y sçay qu'vn remede.

MENDOCE.

Dy-le-moy promptement afin que ie m'en ayde.

PHILIPIN.

Mon maiſtre a maintenant tant de ſoins en l'eſprit,
Que ſans qu'il penſe à toy tu peux quitter Madrid :
N'attends donc point ce ſoir à faire ton voyage,
Cours viſte de ce pas dreſſer ton équipage,
Que ton vieillard apres ſoit de tout aduerty,
T'enuoyera-t'il chercher quand tu ſeras party ?

MENDOCE.

Eſtant en mon païs ie ne le craindrois gueres,
Mais c'eſt bien loin d'icy.

PHILIPIN.

Donne ordre à tes affaires,
Ie t'y rends aujourd'huy quelque loin que ce ſoit,
Mais il te faut munir en l'air contre le froid ;
Là ſoufflent certains vents ennemis de nature,
C'eſt l'incommodité d'vne telle voiture,
Mais le voyage eſt fait en moins d'vne heure, ou deux.

MENDOCE.

Et la monture ?

PHILIPIN.

Douce ainſi que tu la veux.
Va cependant m'attendre au jardin de ton maiſtre,
Ie m'y rendray bien-toſt.

MENDOCE.

Que ce ſoit ſans peut-eſtre.

PHILIPIN.

Sois tout preſt à partir.

MENDOCE.

Auſſi, ſi tu n'y viens?

PHILIPIN.

Ie m'y rendray, te dis-ie. Ah, vieux loup, ie te tiens.

Fin du quatriéme Acte.

ACTE V.

SCENE PREMIERE

D. IVAN.

ENFIN ma prison cesse, & par cette retraite
En vain i'ay creu tenir ma passion secrette,
Ma mauuaise fortune a sçeu la reueler;
I'ay dequoy toutefois encor m'en consoler,
Sous ce pretexte faux de procez & d'affaire
Mon retour à Madrid passe pour necessaire,
Et malgré mon Riual cette feinte me sert
A trouuer chez Lucrece vn accez plus ouuert.
C'est en vain, Leonor, que ton cœur en murmure,
Ie ne suis point ingrat, ie ne suis point parjure,
Mes sentimens pour toy sont les mesmes encor,
Leonor à mes yeux est toûiours Leonor,
Cent bienfaits dans ton sort font que ie m'interesse,
Tu les versas sur moy toûiours auec largesse,
Mais quoy qu'ils n'ayent pas mis mon cœur dans tes liens,
Ils ne sont pas perdus puisque ie m'en souuiens,
N'exige rien de plus, i'ay pour toy grande estime,
Mais ie ne puis t'aymer sans me noircir d'vn crime,

Lucrece a sur mon ame vn absolu pouuoir,
Mes visites en vain ont flatté ton espoir,
Pouuois-ie moins te rendre, & par recognoissance
Ne tẽ deuois-ie pas vn peu de complaisance?

SCENE II.

LEONARD, D. IVAN.

LEONARD.

IE vous cherchois, D. Iuan.

D. IVAN.

Mes vœux sont satisfaits,
Et l'heur de vous seruir fait mes plus grands souhaits,
Que me commandez-vous?

LEONARD *bas.*

Ah, que c'est grand dommage
Que cette lâcheté noircisse vn bon courage,
Et qu'vn homme sorty d'vn sang dont on fait cas
L'ose deshonorer par vn vice si bas!
Qui le prendroit iamais pour voleur à la mine?

D. IVAN *bas.*

D'où vient qu'en parlant seul des yeux il m'examine?
Auroit-il pû desia découurir nostre amour,
Et que pour l'abuser ie feins vn faux retour?
O Destin! ô Fortune à me nuire trop prompte!

LEONARD *bas.*

Ie ne puis me resoudre à le couurir de honte.
Parlons-luy, mais feignons de croire seulement
Que de quelqu'autre main il tient mon diamant.

à D. Iuan.

Pour vous dire en deux mots le sujet qui m'améne,

C'est pour certain bijou dont ie suis fort en peine,
On me vient d'asseurer qu'il est entre vos mains.

D. IVAN *bas.*

Qu'en peu de temps le Sort renuerse mes desseins!

LEONARD *bas.*

Le voilà tout confus.

D. IVAN *bas.*

Que ie suis miserable!

LEONARD.

Ie ne dis pas, D. Iuan, que vous soyez coupable,
Mais la main seulement de qui vous le tenez.

D. IVAN *bas.*

Qu'à me persecuter les Cieux sont obstinez!

LEONARD.

Non, ie ne doute point, quoy qu'on m'ait voulu tair
Que qui vous l'a donné n'ait eu droit de le faire,
Cessez de prendre soin de vous iustifier,
Vous l'estes auec moy.

D. IVAN.

Ie ne le puis nier,
I'ay vostre diamant, & veux bien vous le rendre:

Il luy rend le diamant.

Mais sans doute, Mõsieur, on tâche à vous surprend
Et si la verité doit icy s'exprimer,
Ie suis le seul coulpable & le seul à blâmer. *bas.*
Plustost mourir cent fois que d'accuser Lucrece.

LEONARD *bas.*

Plus ie cache son crime, & plus il le confesse.

D. IVAN.

Ouy, de ce procedé moy seul i'ay tout le tort,
Et vous dire autre chose est faire vn faux rapport.

LEONARD *bas.*

A quel point son erreur le seduit & l'abuse!
Ie tâche à l'excuser, & luy-mesme s'accuse.

D. IVAN.

Ie vous le dis encor, quand ie pris ce dessein. . .

LEONARD.

Contre la verité vous disputez en vain,

Elle ne vous peut nuire encor que ie la ſçache.

D. IVAN.

Puiſque vous la ſçauez, en vain ie vous la cache,
Et veux diſſimuler en cette occaſion.
Ie le confeſſe donc à ma confuſion,
Mon vol eſt trop hardy, ie ſuis vn temeraire,
Mais ſi mon crime eſt tel qu'il puiſſe vous déplaire,
Pour ma défence au moins ſçachez que malgré moy
D'vn Aſtre dominant i'ay recognu la loy,
Dont la neceſſité m'a mis dans la contrainte
De vous donner enfin iuſte ſujet de plainte.
Si le peu que ie vaux me défend d'eſperer,
Par vos bontez, Monſieur, i'oſe vous conjurer...

LEONARD.

Non, non, ie ne ſuis point vn iuge inexorable.
Ie cognoy trop dequoy la ieuneſſe eſt capable,
Et que l'occaſion force la volonté.

D. IVAN.

Puiſque vous l'excuſez auec tant de bonté,
Pour me iuſtifier authoriſez mon crime,
Rendez de mes erreurs la cauſe legitime,
Et daignez conſentir qu'à Lucrece demain
En qualité d'époux D. Iuan donne la main.

LEONARD.

A ma fille? à quel droit oſe-t'il y pretendre?

D. IVAN.

Faites-moy grace entiere en m'acceptant pour gẽdre,
I'ay le cœur franc & noble, & ſi i'ay peu de bien,
Au moins ſuis-ie d'vn ſang qui ne redoute rien,
Mon mal ſans ce remede ira iuſqu'à l'extréme.

LEONARD *bas.*

Eſt-il dans ſon bon ſens, ou ſuis-ie fou moy-meſme?
Reſvay-ie, ou ſe peut-il qu'il parle tout de bon?
Trouuant trop de peril au métier de larron,
Aux dépens de mon bien il veut ſe rendre ſage,
Et m'oſe demander ma fille en mariage.
O le plus plaiſant fou qui iamais ſe verra!
Qu'il vole, qu'il dérobe autant qu'il luy plaira,

Sans me desobliger il peut se faire pendre,
Mais qu'il n'espere pas estre iamais mon gendre.
D. Iuan, ie vous promets quoy que vous m'ayez dit.

D. IVAN.

Vostre fille, Monsieur?

LEONARD.

Le secret, il suffit,
Adieu.

D. IVAN *seul*.

Vit-on iamais vne telle surprise?
A luy confesser tout luy-mesme il m'authorise,
Et quand il sçait le feu dont ie me sens brûler,
Il promet de se taire, & de n'en point parler.
O trop bizarre effet de ma triste fortune!
Mais que mal à propos ie vois cette importune!
Tâchons de l'euiter.

SCENE III.

D. IVAN, LEONOR, IACINTE.

LEONOR.

ARrestez vn moment,
D. Iuan, & receuez du moins mon compliment,
La ciuilité seule à cela vous conuie.
Vne autre sous ses loix tient vostre ame asseruie,
Et ce cœur si long-temps captif de ma beauté
Trouue enfin des appas dans l'infidelité?
Et bien, ce changement est assez ordinaire,
Ie le vois sans regret puisqu'il a pû vous plaire,

Mais fuyr à ma rencontre, & faire le surpris,
C'est de l'indifference aller iusqu'au mepris,
Souuenez-vous du moins que vous m'auez aymée.

D. IVAN.

Dites mieux, que de moy vous fustes estimée.
Ouy, Madame, si j'ose enfin parler sans fard,
L'Amour dans mes deuoirs n'eut iamais grande part,
Ie vous deuois beaucoup, & faisois mon possible
Pour vous monstrer vn cœur à vos bienfaits sensible,
Mais il n'est plus saison de vous rien déguiser,
Cessez d'estre credule & de vous abuser,
D'vn si charmant objet ie recognois l'empire
Qu'auant que de changer il faudra que j'expire.

LEONOR *à Iacinte.*

Auec combien d'adresse il feint pour m'éprouuer!

D. IVAN.

Par vos commandemens ie fus hier vous trouuer,
Vous ne voulustes lors ny me voir, ny m'entendre,
Apres ce traitement rien ne vous doit surprendre,
Ne vous estonnez point de ce que ie vous fuis,
C'est vostre ordre, Madame, & ie vous obeïs.

SCENE IV.

LEONOR, IACINTE.

IACINTE.

IL meurt d'amour pour vous, vous le croyez encore?

LEONOR.

Lors qu'il me traite mal c'est alors qu'il m'adore.

IACINTE.

D'vn autre feu luy-mesme il se confesse épris.

LEONOR.

C'eſt exprés qu'il affecte vn ſi cruel mépris,
Il feint, & ne me donne vn peu de jalouſie
Que pour mieux voir l'amour dont mon ame eſt ſaiſie
Ie voy ce qu'il pretend, & i'en croy D. Fernand.

IACINTE.

Si j'oſe auec franchiſe en parler maintenant,
Ce n'eſt qu'vn impoſteur, à fourber il eſt maiſtre,
Et par ſon procedé vous le pouuez cognoiſtre,
Ne vous y fiez plus, quoy qu'il vous en ait dit,
Il vous trompe, Madame, & D. Iuan vous trahit:
En doutez-vous encore, & ſans trop de foibleſſe
Pouuez-vous ignorer qu'il adore Lucrece?
D. Lope vous l'a dit.

LEONOR.

D. Lope m'eſt ſuſpect,
Tu ſçais pour ſon amy qu'il n'a plus de reſpect,
Qu'il me parle d'amour ſans craindre ma cholere,
Le rapport d'vn Riual eſt rarement ſincere,
Et quoy que de D. Iuan il puiſſe me conter,
I'ay toûjours lieu de craindre & ſujet de douter.

SCENE V.

D. LOPE, LEONOR, IACINTE.

D. LOPE.

NE doutez plus, Madame, & croyez qu'au cõtraire
Le rapport de D. Lope eſt vn rapport ſincere,
Mon amour quoy qu'extréme écoute la raiſon,
Ie ne vous pretends point par vne trahiſon,
Ie n'ay ny le cœur bas, ny l'ame intereſſée,

Et bien loin d'auoir eu iamais cette pensée,
Tant que i'ay crû D. Iuan à vos charmes soûmis,
Qu'ay-ie fait ? qu'ay-ie dit ? que me suis-ie permis?
D'vn silence obstiné i'ay suby la contrainte,
Ie me suis défendu mesme iusqu'à la plainte,
Et si quelque soûpir m'échappoit quelquefois,
Comme vn enfant mal né ie le desaduoüois.
Mais puisque d'vn amy le change illegitime
Me permet aujourd'huy de soûpirer sans crime,
Souffrez que ie découure aux yeux qui m'ont charmé
Le beau feu qu'en mon ame ils auoient allumé,
Et qu'vn fâcheux respect me contraignoit de taire
Iusqu'à m'estre moy-mesme à moy-mesme contraire,
Vous parler pour vn autre, & faire mon effort
Pour haster vn Hymen dont j'attendois la mort.

LEONOR.

Mais me dites-vous vray ? D. Iuan n'est-il qu'vn traistre?

D. LOPE.

Vn violent amour de son cœur est le maistre.

LEONOR.

Il me quitte?

D. LOPE.

Peut-estre il vous quitte à regret,
Mais par son propre adueu ie trahis son secret.

LEONOR.

Et pour Lucrece enfin l'ingrat m'est infidelle?

D. LOPE.

Encor tout maintenant il vient d'entrer chez elle.

LEONOR.

Puis-ie m'en asseurer?

D. LOPE.

Ie l'ay veu de mes yeux.

LEONOR.

O le plus lâche amant qui soit dessous les Cieux!
Ne nous aueuglons plus, punissons son offence,
Qu'il ne soit plus pour moy qu'vn objet de vangeance.
D. Lope, m'aymez-vous?

D. LOPE.

Madame !

LEONOR.

Suiuez-moy.
Leonor est à vous, ie vous promets ma foy,
Mais pour seruir ma hayne, & vanger mon injure,
Ie ne vous la promets que deuant ce parjure,
Ruïnant son amour, & vous donnant la main,
Ie veux qu'il se repente, & se repente en vain,
Qu'il me voye à regret entre les bras d'vn autre,
Que son bonheur détruit établisse le vostre,
Et que perdant l'espoir dont il s'ose flatter
Il regrette ce cœur qu'il n'a sçeu meriter.

SCENE VI.

MENDOCE *en équipage de voyageur dans le jardin de Leonard.*

ADieu, Madrid, Adieu, sans regret ie te quitte,
Le desir du repos enfin m'en sollicite,
Ie préfere le chaume à tes plus beaux Palais,
Et te dis derechef vn Adieu pour iamais.
I'abandonne tes murs, on n'y vit qu'auec trouble,
A peine bien souuent y gagne-t'on le double,
Quoy que i'aye toûjours seruy par interest,
Ma bourse est si legere...

SCENE

SCENE VII.

PHILIPIN, MENDOCE.

PHILIPIN.

Et bien, es-tu tout prest?

MENDOCE.

Tu vois, la grosse cappe auec de bonnes bottes.

PHILIPIN.

Mets-toy dedans ce rond.

MENDOCE.

Qu'est-ce que tu marmotes?

PHILIPIN.

C'est desia fait, il reste à te bander les yeux.

MENDOCE.

Pourquoy?

PHILIPIN.

Laisse-moy faire.

MENDOCE.

En voleray-ie mieux?

PHILIPIN.

Tu pourrois t'éblouÿr, & tomber cul sur teste.

MENDOCE.

Bande donc, mais dy-moy, la monture?

PHILIPIN.

Elle est preste,

Ie n'ay rien qu'à siffler, on me l'amenera.

MENDOCE.

Vne mule?

PHILIPIN.

Vne mule.

MENDOCE.

Et qui me conduira?
Si j'allois m'égarer?

PHILIPIN.

O la vision bleuë!
Quelque Diable Folet suiura ta mule en queuë.

MENDOCE.

Il est donc, Philipin, des Diables muletiers?

PHILIPIN.

Doutes-tu qu'il n'en soit presque de tous métiers?
Il en est de Sergents, il en est de Notaires,
Il en est de Barbiers comme d'Apotiquaires,
Il en est de Greffiers, il en est de voleurs,
Il en est de deuots & de Monopoleurs,
Il en est de tout poil, il en est de tous âges,
Il en est d'vsuriers & de préteurs sur gages,
De souffleurs d'Alchymie & de rongneurs d'écus,
Il en est de ialoux, & mesme de cocus.

MENDOCE.

De cocus?

PHILIPIN.

Sans cela d'où leur viendroient les cornes?
Il en est de lourdauts, de hargneux, & de mornes,
Il en est d'enjoüez, il en est de grondants,
De danceurs sur la corde & d'arracheurs de dents,
Il en est de village, il en est du grand monde,
Il en est à la mode, il en est à la fronde,
Enfin, que te diray-ie? il en est de galands,
De breteurs, de filoux, & de passeuolans,
Il en est de mutins, il en est d'amiables,
Il en est de méchans ainsi que tous les Diables.
Mais c'est trop s'arrester, voicy le mien venu,
Monte.

MENDOCE.

Débande-moy, pour voir s'il est cornu,
I'ay curiosité de voir vn Diable en face.

PHILIPIN.

Il t'épouuanteroit, il fait laide grimace,
Suffit qu'il te conduise.

Il le fait monter sur vne palissade du jardin, & le li

MENDOCE *monté pendant que Philipin le lie.*
Ah, Monsieur le Lutin,
Ne m'abandonne pas au milieu du chemin,
Tu me ferois donner bien-tost du nez en terre.

PHILIPIN.
Tout ira comme il faut.

MENDOCE.
Au Diable comme il serre,
Relâche tant soit peu.

PHILIPIN.
Te voilà bien ainsi.

MENDOCE.
Qui me détachera ?

PHILIPIN.
N'en sois point en soucy,
Et sçache seulement qu'alors que l'on arriue
L'on entend vne voix & dolente & plaintiue,
En suite de grands cris, mais va, quitte ce lieu,
Adieu, marche. Ah Mendoce, Adieu Mendoce, Adieu.
O comme tu fens l'air! *Il s'éloigne toûjours.*

MENDOCE.
Ie sens bien que ie vole,
Car à peine j'entens le son de sa parole.
Quel bonheur ! ie verray mon païs auiourd'huy.

PHILIPIN *en prenant sa bourse.*
S'il est volé, ie m'offre à répondre pour luy.

MENDOCE.
Cette mule endiablée est sans mentir bien douce,
Elle va toute seule & sans que ie la pousse,
Elle n'ébranle point, i'y suis comme en mon lit.
Il luy fait vent auec vn soufflet.
Ie croy que l'on acquiert en l'air grand appetit.
Mais il m'en auoit bien aduerty, le maroufle,
Diable, qu'il fait de froid, & quel vilain vent souffle!
I'en ay la barbe prise & le nez tout gelé.

PHILIPIN.
On vient dans le jardin, & quelqu'vn a parlé.
Medaille du vieux temps, on te la sauue belle.

SCENE VIII.

D. IVAN, LVCRECE, BEATRIX MENDOCE, PHILIPIN.

LVCRECE.

QVoy, si-tost découuerts ! ô la triste nouuelle !
Cessons de nous flater, tout espoir est perdu.

D. IVAN.

Il me l'a demandé, ie l'ay soudain rendu
Ce gage precieux d'vne amour toute pure :
Mais à ce déplaisir donnez quelque mesure,
Ie ne sçaurois me plaindre encor de sa rigueur,
Il m'a parlé toûiours auec grande douceur,
Et peut-estre, Madame, il sera moins farouche
Quand il sçaura de vous que mon amour vous touche.

LVCRECE.

S'il ne tient qu'à cela, D. Iuan, soyez certain
Que Lucrece est à vous peut-estre dés demain.

D. IVAN.

O charmante parole !

LVCRECE.

Enfin ie vous la donne
D'estre à vous pour iamais, ou de n'estre à personne.

D. IVAN.

Que ie me tiens heureux de viure sous vos loix !

MENDOCE.

Ie discerne auec peine vn bruit confus de voix,
Ie passe asseurément sur quelque grande ville.

D. IVAN.

Ainsi le Ciel pour vous en miracles fertile...

BEATRIX.

Madame.

LVCRECE.

Que veux-tu ? quelqu'vn vient-il icy?

BEATRIX.

Ouy, nostre bon vieillard, & l'Astrologue aussi,
Ils entrent au jardin.

LVCRECE.

Quel obstacle à ma joye?

D. IVAN.

Ne puis-ie m'échaper?

LVCRECE.

Non pas sans qu'on vous voye,
Cachez-vous promptement, & croyez qu'en tout cas,
S'il faut parler pour vous, ie ne me tairay pas.

SCENE IX.

LEONARD, D. FERNAND, LVCRECE, BEATRIX, MENDOCE, PHILIPIN.

D. FERNAND.

QVe ce jardin est beau!

LEONARD.

C'est l'amour du bonhomme,
Et comme ie m'y plais, tout mon soin s'y consomme.

D. FERNAND.

Sur tout de ce ruisseau le murmure est charmant.

LEONARD.

Ma fille, approche-toy, voicy ton diamant.

LVCRECE *à Beatrix.*

Faut-il souffrir icy cet objet de ma hayne ?

LEONARD *luy rendant sa bague.*

Rends grace à D. Fernand qui nous tire de peine.

D. FERNAND.

Madame, si le Ciel répond à mes souhaits,
Vous cognoistrez mon zele à de plus grands effets.

LVCRECE.

Vous m'obligez, Monsieur, plus que ie ne merite.

LEONARD *voyant entrer Leonor.*

Que nous veut cette Dame?

MENDOCE.

O que ie vole viste!
Ie passe sur vn lieu de l'autre different,
Et le bruit qu'on y fait est de beaucoup plus grand.

SCENE X.

LEONARD, D. FERNAND, D. LOPE, LEONOR, LVCRECE, BEATRIX, MENDOCE, PHILIPIN.

LEONOR.

Ne vous estonnez point si j'ose icy paroistre,
Ie n'y viens, Leonard, que pour chercher vn traistre,
Et pour vous aduertir qu'au mépris de ses feux
Vn parjure insolent nous affronte tous deux.
S'il ayme vostre fille, il est adoré d'elle,
Ce reciproque amour me le rend infidelle,
Il est caché céans ce lâche suborneur,

Faites-m'en la raison & vangez vostre honneur.

LVCRECE *bas.*

O malheur impréueu!

MENDOCE.

I'entens la voix plaintiue,
Sans doute à mon pays c'est signe que j'arriue.

LEONARD *regardant Lucrece.*

Vn homme icy caché!

LVCRECE.

Dequoy m'accusez-vous?

LEONARD.

Sois sans crime, autrement redoute mon couroux.
Mais ie veux me purger de ce soupçon infame,
Il faut chercher par tout, allons, venez, Madame.
Voyons tout le jardin.

LEONOR.

Seroit-il point icy?

SCENE XI.

LEONARD, D. FERNAND, D. IVAN, D. LOPE, LEONOR, LVCRECE, BEATRIX, IACINTE, PHILIPIN, MENDOCE.

D. IVAN *se monstrant.*

Ne cherchez plus D. Iuan, Madame, le voicy.

LEONOR.

Ingrat, traistre.

D. IVAN.

Ah, cessez de me faire vne injure

En me donnant les noms d'ingrat & de parjure.

LEONARD.

Le destin de ma fille agit bizarrement.
Ie rencontre vn voleur en cherchant son amant.

à D. Iuan.

Vous pretendiez encor joüer vn tour de maistre,
Et pour nous dérober vous vous cachiez peut-estre?

LEONOR.

On perd icy l'esprit, ou ie n'y cognoy rien.
Pour qui le prenez-vous?

LEONARD.

Madame, il m'entend bien.

D. IVAN.

Si ie vous entends bien, certes au moins i'ignore
Pourquoy i'ay merité que l'on me deshonore.
Ie ne suis point voleur, & i'ay le cœur trop haut
Pour souffrir qu'on m'impute vn si lâche defaut,
Pour me iustifier d'vne telle bassesse
Il faut qu'aux yeux de tous la verité paroisse.
Ouy, i'ayme vostre fille, & cet objet vainqueur
Depuis vn an entier dispose de mon cœur,
Cette bague tantost que ie vous ay renduë,
C'est de sa propre main que ie l'auois receuë,
Et si vous luy donnez liberté de parler,
Elle m'estime assez pour ne le pas celer.

LEONARD *à Lucrece.*

Dit-il vray ? l'aymes-tu ? parle sans craindre vn pere.

LVCRECE.

Puisque vous m'ordonnez de ne vous plus rien taire,
I'aduoüeray ma foiblesse, & que depuis vn an
I'ay donné mon estime aux vertus de D. Iuan.

LEONARD *tirant D. Fernand à part.*

De grace, D. Fernand.

LEONOR.

Il ne le faut pas croire,
Il ne fait que fourber.

LEONARD.

Pour conseruer ma gloire

Que faut-il que ie fasse?

D. FERNAND.

Ouurez enfin les yeux,
Et ne resistez plus aux volontez des Cieux.
Ie vous en ay tantost desia dit ma pensée,
Que d'vn semblable Hymen elle estoit menacée:
Puisqu'vn homme sans biens doit estre son époux,
Pour faire vn meilleur choix, où le chercherez-vous?
D. Iuan est de sang noble & d'illustre famille,
Puisqu'auec tant d'ardeur il ayme vostre fille,
D'vn mot de vostre bouche authorisant son feu
Donnez à cet Hymen vn genereux adueu.

LEONARD.

Suiuant l'ordre du Ciel on ne se peut méprendre.
Embrassez-moy, D. Iuan, ie vous reçois pour gendre.

D. IVAN.

O joye inesperée! ô supréme bon-heur!

LEONOR.

Est-ce ainsi, Leonard, qu'on vange mon honneur?

LEONARD.

Le mien interessé demandoit ce remede.

LEONOR *à D. Iuan.*

Escoute aueuglement l'ardeur qui te possede,
Va, traistre, rends hommage à l'infidelité,
Le Ciel me vangera de ta déloyauté.
Allons, D. Lope, allons, ie vous tiendray parole.

SCENE XII.

LEONARD, D. FERNAND, D. IVAN, LVCRECE, BEATRIX, PHILIPIN, MENDOCE.

D. IVAN.

D'Vne femme en couroux la menace est friuole.

MENDOCE.

Ah ie suis arriué, de ce coup ie le croy,
I'entends force grands crys, Lutin, débande-moy.

LEONARD *détournant la teste & apperceuant Mendoce.*

Quel spectacle est-ce-cy?

PHILIPIN *à D. Fernand.*

La tromperie est bonne.
C'est nostre voyageur, que rien ne vous estonne,
Il se croit desia loin.

D. FERNAND.

O qu'il est ingenu!
Il faut le délier.

MENDOCE *descendu de la palissade.*

Enfin ie suis venu,
Et ie ne fis iamais voyage tant à l'aise.
O ma terre natale! il faut que ie te baise.

LEONARD.

C'est Mendoce, est-il fou?

MENDOCE.

Que mes yeux sont rauis!
Vous estes donc aussi, Monsieur, en mon pays!

Mais pour vous y porter, ostez-moy de scrupule,
Le Diable vous a-t'il aussi fourny de mule?

LEONARD.

As-tu l'esprit troublé, c'est icy mon jardin,
Ne le cognois-tu pas?

MENDOCE *courant apres Philipin qui s'enfuit.*

Ah, traistre Philipin.

PHILIPIN.

Le charme t'a manqué.

LEONARD.

Sont-ils fous l'vn & l'autre?

D. FERNAND.

Excusez vn valet qui s'est joüé du vostre.

LEONARD.

Tout s'excuse aisément vous ayant pour amy.

D. FERNAND.

Vous ne me cognoissez encore qu'à demy.

LEONARD.

Vostre Art si merueilleux...

D. FERNAND.

Brisons-là ie vous prie,
Ie vous entretiendray de mon Astrologie,
Mais il faut que ce soit auec plus de loisir.

LEONARD.

Ie vous écouteray toûjours auec plaisir.
Tandis pour dégager ma parole donnée,
Il faut de nos amants terminer l'Hymenée,
Allons y donner ordre, & d'vn esprit content
Asseurer à D. Iuan le bonheur qu'il attend.

FIN.

Extrait du Priuilege du Roy.

PAR Grace & Priuilege du Roy donné à Paris le 12. de Mars 1651. Signé, Par le Roy en ſon Conſeil, CONRART, Il eſt permis au Sieur Corneille Aduocat au Parlement de Roüen, de faire imprimer par tel Imprimeur qu'il voudra choiſir, quatre Pieces de Theatre intitulées *Andromede, Nicomede, le Feint Aſtrologue, & les Engagemens du Hazard*, pendant le temps & eſpace de dix ans, à compter du iour que chaque Piece ſera acheuée d'imprimer; & défences ſont faites à tous Imprimeurs, Libraires, & autres perſonnes de quelque qualité & condition qu'elles puiſſent eſtre, d'imprimer ou contrefaire leſdites quatre Pieces de Theatre, à peine aux contreuenans de deux mil liures d'amende, dépens, dommages & intereſts, & confiſcation des exemplaires qui ſe trouueront d'autre impreſſion que de celle qu'il aura fait faire, ainſi qu'il eſt plus au long porté par leſdites Lettres.

Et ledit ſieur Corneille a cedé & tranſporté ledit Priuilege à Guillaume de Luyne, marchand Libraire demeurant à Paris, pour en joüir ſuiuant l'accord fait entr'eux.

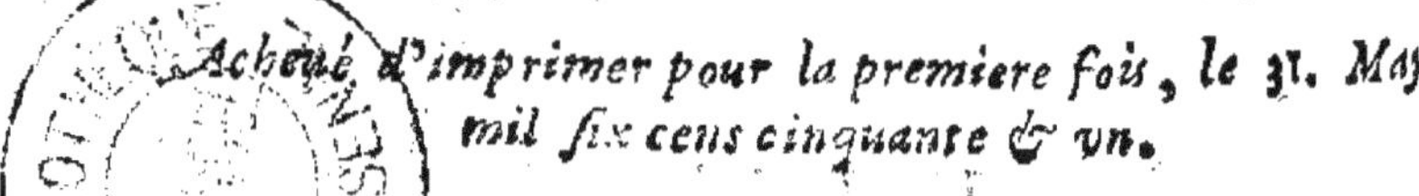

Acheué d'imprimer pour la premiere fois, le 31. May mil ſix cens cinquante & vn.

www.ingramcontent.com/pod-product-compliance
Lightning Source LLC
LaVergne TN
LVHW012024220826
846092LV00001B/483

* 9 7 8 2 3 2 9 7 3 1 8 9 6 *